SUR LA ROUTE AVEC
JOHNNY

Direction d'ouvrage : Vincent Perrot

ISBN : 978-2-7014-0048-8
Dépôt légal : octobre 2019
Conception et mise en page : Nordcompo
Imprimer en Espagne

Hors Collection, un département d'Edi8.

GREG ZLAP

SUR LA ROUTE AVEC JOHNNY

★ 282 concerts, 10 ans de complicité ★

Préface de Vincent Perrot

HORS }{ COLLECTION

SUR LA ROUTE AVEC JOHNNY

Sommaire

2013 LE BILAN

2014 GABRIELLE, C'EST FINI !

2015 SOLIDARNOSC

2016 LE BAISER

2017 LE DERNIER COMBAT

Vincent Perrot et Johnny, dans sa loge du Palais des Sports le 14 juin 2006.

Préface

La vie de Johnny Hallyday est digne d'un roman. Il s'appelle Jean-Philippe Smet, il est né à Paris mais vous le connaissiez mieux sous le nom de Johnny... Offrant à la jeunesse des *sixties* une silhouette fine, des yeux bleu clair perçants, un déhanchement sensuel emprunté à Elvis, une voix prometteuse et une photogénie éclatante, Johnny allait rapidement devenir le leader des nouvelles idoles yé-yé qui inondèrent les ondes durant les années 1960.

En cinquante-sept ans de carrière, grâce à son impressionnante production (plus de 1 000 chansons enregistrées), une succession de tournées magistrales (environ 3 200 concerts !) et une omniprésence médiatique dont il se serait souvent volontiers passé, Johnny faisait inévitablement partie de notre quotidien. À notre corps défendant, il était impossible de ne pas se trouver informé des rebondissements de sa vie agitée, ni de passer à côté d'une cinquantaine de tubes aux textes et mélodies imparables. Un soir d'été, dans la célèbre villa Lorada, sur les hauteurs de Saint-Tropez, je demandai à Johnny comment il expliquait cette chance unique de pouvoir compter sur un spectre de fans aussi large et, de surcroît, depuis tant d'années. Il me chuchota aussitôt, avec un petit sourire taquin au coin des lèvres : « Avec le temps, je les ai eus à l'usure... »

Ne pas reconnaître à cet homme adulé par des fans inconditionnels – mais aussi, fait rarissime, respecté par ses détracteurs – une endurance rare, un professionnalisme sans faille et une maîtrise incomparable de la scène eût été un signe de mauvaise foi caractérisée. Quelles que soient nos inclinaisons musicales personnelles, comment ne pas admettre que Johnny Hallyday fut l'interprète le plus solaire de la chanson française ? Une présence magnétique et une puissance vocale sans limites le rendaient incomparable. D'ailleurs, ses prestations en duo étaient souvent décevantes car, à quelques exceptions près, le décalage entre Johnny et ses partenaires était tel qu'il était contraint de ne pas trop « lâcher les chevaux », afin d'éviter d'humilier ses collègues... Quelques-uns s'en sont sortis avec les honneurs, mais bien des tentatives se sont révélées des essais uniques, confirmant à quel point il était risqué de se frotter au Patron.

Comme toute une génération d'amateurs de chansons, élevés aux voix des hit-parades des deux principales stations de radio périphériques, j'ai acheté mes premières galettes vinyles de Johnny au début des années 1970, slalomant du « Bon vieux temps du rock'n'roll » aux « Chiens de paille », d'un duo « problématique » avec Sylvie Vartan à « Qu'est-ce que tu croyais », sans oublier « Montpellier », « La peur », « J'ai oublié de vivre » et l'incontournable « Gabrielle »...

Hallyday, Polnareff, Sardou, Gainsbourg, Mitchell, Christophe, Dutronc tenaient une place d'honneur dans la partie francophone de ma jeune discothèque mais c'est au Zénith de Paris, un soir de novembre 1984, que ma vision de Johnny Hallyday allait totalement changer. Ne connaissant le chanteur qu'en invité récurrent des shows télévisés des Carpentier et de Michel Drucker, je restai tétanisé devant sa performance vocale et scénique. Il débuta le show, dissimulé dans un gigantesque poing fermé, et, après deux heures de tubes non-stop, il acheva le spectacle au guidon d'une Kawasaki pétaradante ! Je reçus une claque magistrale ! J'ai réalisé ce soir-là à quel point Johnny devenait le propriétaire de la scène et que, le temps du show, nous lui appartenions totalement. Depuis cette soirée au Zénith, je n'ai jamais manqué une seule de ses tournées, ni les concerts essentiels de sa prolifique carrière : la première tournée des Enfoirés avec Goldman, Sanson, Mitchell et Sardou en 1989, le jubilé du Parc des Princes en 1993, le mythique troisième Stade de France inondé par la pluie en 1998, l'intimité de l'Olympia en 2000, la Cigale en 2006, le show de la tour Eiffel en 2009, le doublé Bercy-Théâtre de Paris le 15 juin 2013, le jour de ses 70 ans… Putain de souvenirs !

Grâce à mon « grand frère » Pierre Billon, j'ai pu entrer dans le cercle intime de Johnny dès les années 1990 et grâce à sa passion pour le Septième Art, je ne peux oublier nos interminables soirées de blind-tests sur Marlon Brando, Gary Cooper, Elia Kazan et l'ensemble du cinéma américain. Entre quelques virées à moto et ces moments de proximité privilégiés, j'ai complété ma perception de l'artiste en côtoyant un homme à la personnalité exigeante, souvent excessive mais toujours affectueuse. J'ai longtemps savouré le plaisir de l'accueillir dans mes émissions de radio et de télévision et d'assister à ses spectacles, doublé du privilège d'aller ensuite trinquer avec lui dans sa loge.

Pour tous les fans de Johnny, l'année 2009 marquait un enjeu particulier puisque la tournée baptisée *Tour 66* était annoncée comme la dernière du chanteur. Il ne restait plus à espérer qu'à l'instar de Charles Aznavour, sa « tournée d'adieu » durerait une quinzaine d'années… ! Paradoxalement, c'est la seule qui fut interrompue pour les raisons médicales dont on se souvient.
Mais lors du concert du 29 mai au Stade de France, outre l'inoxydable guitariste Robin Le Mesurier, je notai l'apparition d'un certain Greg Zlap, un jeune harmoniciste pleinement intégré au groupe, présent durant quasiment tout le spectacle… Quelques joueurs d'harmonica avaient parfois participé aux shows de Johnny par le passé, mais jamais aucun ne s'était vu offrir une telle place, ni des solos qui tenaient du morceau de bravoure. Difficile d'en voir plus, puisqu'au Stade de France l'immensité du lieu offrait surtout une vision très large du spectacle, les gros plans sur les musiciens relayés par les écrans étant trop furtifs pour se faire une idée précise sur un nouveau venu.

Grande proximité entre Johnny et son public à Bercy, en 2013

En revanche, le 14 juillet, je me trouvais aux pieds de la tour Eiffel et surtout à quelques mètres de la scène. J'en ai profité pour observer ce jeune homme à l'harmonica qui ne cessait de jouer, de bondir avec un sourire incandescent et de scander le tempo, jusqu'à l'apothéose de la chanson « Gabrielle » ! Cette fois, je pouvais détailler pleinement ce parfait numéro de duettistes entre Johnny et Greg, qui transcendait le public et montrait avec évidence que l'harmoniciste n'était pas là pour faire de la figuration. Après une année douloureuse pour Johnny, sa carrière s'annonçait repartie de plus belle quand je fus invité à assister, le 3 décembre 2011, à une prometteuse conférence de presse… Après le *Tour 66* interrompu, notre phénix n'étant pas homme à ne pas terminer ce qu'il a commencé, Johnny voulait annoncer en personne le lancement d'une nouvelle tournée prévue pour mai 2012, le *Jamais seul Tour*. Sitôt la conférence achevée, grâce à un mini-concert

La partie maquillage de la loge de Johnny à Bercy, en 2013.

Greg Zlap lors du concert symphonique de Vladimir Cosma au Grand Rex en 2014.

organisé sur une plate-forme du premier étage de la tour Eiffel, je constatai que Greg allait rempiler pour une deuxième tournée. Du jamais vu pour un harmoniciste ! À croire que Johnny ne pouvait plus se passer de ce mystérieux musicien d'origine polonaise, d'après les seules informations que j'avais à son sujet…

Paradoxalement, ce n'est pas auprès d'un orchestre rock que je fis la connaissance de Greg Szlapczynski, mais au cœur d'un orchestre symphonique. Depuis une quinzaine d'années, l'illustre compositeur de musiques de films Vladimir Cosma me fait l'amitié de me confier la présentation sur scène de ses concerts symphoniques. C'est en mars 2013, au Grand Rex de Paris, que je vis Greg rejoindre une petite formation jazz destinée à faire « swinguer » le grand orchestre. Entre les répétitions et les représentations du concert, j'eus tout le loisir de pouvoir enfin faire la connaissance de « l'homme à l'harmonica » que Johnny appelait Greg Zlap. Fort d'une sympathie mutuelle immédiate, nous nous sommes régulièrement recroisés au hasard des coulisses d'un Bercy avec Johnny ou d'un Palais des Congrès avec le maestro Cosma… Tout aussi à l'aise en s'époumonant sur « Gabrielle » qu'en dynamisant la partition du *Dîner de cons*, Greg m'impressionna immédiatement par l'éclectisme de son talent et sa capacité à s'adapter à tous les registres musicaux avec une bonne humeur de tous les instants.

Sur le *Rester vivant Tour* et les deux tournées des *Vieilles Canailles* où Johnny souhaitait reproduire l'impact foudroyant de « Gabrielle » sur le public, Greg était encore et toujours là ! Devant l'évidente complicité qui ne cessait de se renforcer entre Johnny et Greg, la popularité du jeune musicien augmentait considérablement auprès des fans de la star, dont la santé se fragilisait dangereusement, jusqu'à l'issue fatale qui a tant attristé la France.

Quelques mois après ce triste 5 décembre 2017, Greg eut la judicieuse idée d'enregistrer une version instrumentale du « Pénitencier », rendant un hommage musical à celui qui lui avait tant enseigné en le propulsant sur les plus prestigieuses scènes françaises et mondiales. Écoutant en boucle ce splendide « Blues du pénitencier », je songeais aux moments privilégiés que Greg vécut en suivant Johnny durant dix ans, pour 281 concerts dans le monde entier et jusque dans l'intimité de ses résidences privées. Très rares sont ceux qui, sur une telle durée, eurent l'opportunité d'exercer leur art aux côtés de Johnny et de pouvoir approcher de près l'homme qu'il était. J'en conclus que beaucoup auraient payé pour lui piquer sa place et, lors d'un déjeuner, je fis part à Greg de ce qui me semblait avoir été un immense privilège. Non seulement il confirma cette impression, mais me confia également avoir entrepris de noircir quelques feuilles afin de consigner une partie de ses plus beaux souvenirs auprès du Boss. Avant même de savoir que durant cette décennie Greg n'avait cessé de prendre des centaines de photos demeurées inédites à ce jour, il ne me fallut pas plus d'une minute pour lui signifier qu'il n'avait pas le droit de garder les secrets de cette précieuse expérience pour lui seul. Beaucoup plus légitime que bien d'autres pour témoigner post-mortem sur notre star numéro 1 par le biais d'un livre, Greg me demanda si j'acceptais de l'accompagner pour mener à bien la conception de ce témoignage poignant et unique en son genre.

J'acceptai avec enthousiasme et cet ouvrage est d'autant plus intéressant que Greg eut la chance d'observer une des décennies les plus intenses de la vie et la carrière de Johnny Hallyday. Les années 2000 ont façonné un artiste plus responsable et apaisé que lors de la folle effervescence des années 1960 et 1970. De plus, en changeant de maison de disques, fin 2005, il put se rapprocher des musiques qu'il aimait viscéralement : le rock'n'roll et un blues plus authentique qu'auparavant. Ces dix dernières années de carrière ressemblent à un bouquet final ! Grâce au concept des *Vieilles Canailles*, à une tournée mondiale inédite dans sa carrière, Johnny a habilement slalomé entre ses péripéties personnelles, des concerts dans des lieux prestigieux, un succès toujours croissant et de nouvelles inspirations discographiques plus proches de ses goûts profonds.

Mon cher Greg, sois certain que la lecture de ce livre va faire des envieux et provoquer des jalousies au sens le plus noble du terme. C'est pourquoi je vais conclure cette préface en t'adressant une seule et unique requête : « Fouille bien dans tes souvenirs, n'oublie rien et raconte-nous tout ! »

Vincent Perrot

Greg Zlap et Johnny Hallyday sur scène, le jour de ses 70 ans, le 15 juin 2013 à Bercy.

Montréal, 3 octobre 2012

Mon cher Johnny,

j'ai passé les dix dernières années à tes côtés avec mon harmonica. Tu m'as fait vivre une aventure extraordinaire ! La tour Eiffel, le Stade de France, les scènes les plus prestigieuses à travers le monde. Tu m'as fait voyager à Los Angeles, Moscou, Tel Aviv, Londres... Tu m'as emmené sur ta tournée américaine, à la fois si fabuleuse et si déchirante pour moi. Nous avons assuré 281 concerts ensemble, je n'en ai manqué aucun.

Alors, pour la 282ème fois, devant l'église de la Madeleine, j'ai fait le show sur Gabrielle, comme si tu avais été là.

Mon harmonica chantera toujours pour toi, Johnny.

Greg Zlap

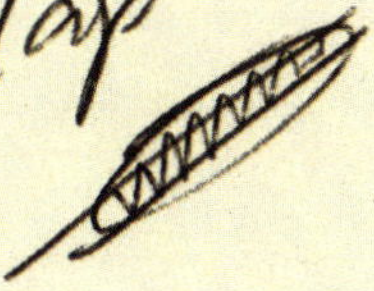

Montreuil, 10 décembre 2017

GREG

Rouen, 22 mars 2016

Quand je ne joue pas d'harmonica, je shoote des instantanés au bord de la scène, en studio de répétition, dans les loges...

Ce ne sont pas des photos de photographe. Elles sont pour moi les précieux témoins de la grandeur d'un homme et de ma profonde affection pour lui.

C'est la vie de tournée, c'est la vie tout court. Je tenais à partager ces souvenirs avec vous.

Dallas, 16 mai 2014

Gabrielle #282

8 h Place de la Madeleine, Paris

DÉCEMBRE 2017
SAMEDI 9

La Madeleine

Il est 8 heures du matin quand je sors du métro Havre-Caumartin. La station Madeleine est fermée à cause de la procession.

C'est une belle matinée. Le ciel est d'un bleu immaculé, comme rarement à Paris, mais le pâle soleil de décembre n'arrive pas à me réchauffer. Il fait froid, très froid. C'est peut-être la fatigue aussi. Je me frotte les mains et je rêve d'un café chaud. J'ai beau chercher dans les coulisses de la petite scène improvisée sur le parvis de la Madeleine, personne n'a pensé à apporter la machine à café.

Je serre Amy Keys dans mes bras, j'embrasse Robin Le Mesurier. Ils sont venus de loin, spécialement pour l'occasion.

Toute l'équipe de Johnny est là. Les techniciens Luky et Tof s'affairent autour des guitares, comme d'habitude. Ronan vérifie les micros. Patrick, opérateur du prompteur depuis trente ans auprès du « taulier », fait défiler les paroles des chansons. L'incontournable tube « Gabrielle » est sur la liste, évidemment.

Le micro de Johnny est branché, sa guitare accordée. La foule, immense et silencieuse, s'étend à perte de vue le long de la rue Royale, sur la place de la Concorde et au-delà. Les musiciens sont prêts. On attend le signal.

Johnny est mort. Mais on va jouer comme s'il était là.

Une dernière fois.

2007

La rencontre

Los Angeles, 2 avril 2012

Los Angeles, 17 avril 2012

Je l'ai rencontré à Los Angeles dans un studio, on a fait du blues ensemble. Il a enregistré avec moi dans mon album de blues et quand je l'ai entendu jouer, je lui ai dit : "Reste avec nous dans le groupe."
Ce soir, il est avec nous sur scène : à l'harmonica, Greg Zlap !

Johnny Hallyday
Tour 66, 2009

Pamiers, 13 juillet 2016

Quand Johnny me propose de partir en tournée avec lui, en septembre 2007, je suis loin d'imaginer que nous entamons dix années de concerts ensemble.

MARS 2007
VENDREDI 2

9 h Rue Popincourt, Paris

Tu lui dirais non ?

Nous nous marions en Normandie dans exactement trois mois. Ma future femme, Elvire, est aussi mon agent. Elle organise ma carrière d'artiste, c'est comme ça que nous nous sommes rencontrés. On emménage ensemble. Je suis en train de vider les cartons quand je tombe sur le triple album live *Stade de France '98, Johnny allume le feu.*

– Amour, il est à toi ce disque de Johnny ?

– Oui, j'en ai même plusieurs de lui.

– Tu sais que j'ai failli le rencontrer en 2001 ?

– C'est pas vrai ?

– Oui, j'ai enregistré la BO du film *Entre chiens et loups* d'Alexandre Arcady avec Johnny. Mais je ne l'ai pas croisé en studio, j'avais juste sa voix dans mon casque. C'était déjà super-impressionnant.

– Moi, je l'ai vu au Stade de France. Un show énorme.

– Alors tu as vu son harmoniciste, Christophe Dupeu. Je le connais, il est excellent.

– Et toi, ça te plairait de partir en tournée avec Johnny ?

– Ah non, pas du tout. Je ne pense pas que je supporterais d'avoir quelqu'un au-dessus de moi, qui m'indique où et comment je dois jouer. Et puis, je n'aurais plus le temps de tourner avec mon groupe, je perdrais mon public.

– Au contraire, ça te ferait connaître du grand public et ça t'ouvrirait de nouveaux horizons. Tous les musiciens rêvent de grosses tournées, non ?

– J'ai mis trop de temps à construire ma carrière solo, je ne vais pas la mettre entre parenthèses pour tourner avec un autre...

– Avec un autre, non, mais avec Johnny, oui ! En tout cas, si Johnny te demandait, je te garantis que tu ne lui dirais pas non. Je te l'interdis !

– Haha ! De toute façon, ça n'arrivera jamais.

AVRIL 2007

24 MARDI

11h Studio Omega, Suresnes

Le cœur d'un homme

Je me rends au célèbre studio Oméga, avec ma mallette d'harmonicas. J'en ai une quarantaine quand je me déplace pour une séance d'enregistrement. S'il m'en faut autant, c'est pour pouvoir m'adapter à toutes les tonalités et à tous les styles. Aujourd'hui, je vais enregistrer les maquettes du prochain album blues de Johnny Hallyday. Ce ne sont pas des enregistrements définitifs, simplement des démos pour permettre au chanteur de choisir les titres qu'il aime.

Quand on parle du blues, on pense forcément à l'harmonica. C'est Yvan Cassar qui m'a appelé pour cette séance de studio. Ce pianiste, compositeur et arrangeur surdoué travaille avec Johnny depuis le mémorable *Stade de France '98*. Reconnaissable à sa crinière de lion, il est chargé de la direction musicale des tournées et réalise les disques de la star. Comment Yvan a-t-il eu mes coordonnées ? C'est un ami, le bassiste Laurent Vernerey, qui lui a soufflé mon nom.

En arrivant, je suis déçu d'apprendre que Johnny ne sera pas présent à la séance. Décidément, je ne le rencontrerai jamais ! Mais je découvre une superbe équipe de musiciens sur place et Laurent Vernerey en fait partie. C'est sans doute le bassiste le plus réputé de France. Je tiens le pari que vous trouverez son nom dans les crédits des albums de votre discothèque sortis ces dix dernières années. Avec Yvan, nous enregistrons plusieurs chansons dont « Monument Valley », « Être un homme » et « T'aimer si mal ». Ça sonne déjà comme un disque !

Mon rôle se termine là. Yvan partira rejoindre Johnny à Los Angeles pour lui présenter les maquettes. L'album sera ensuite enregistré avec des musiciens américains. Deux stars du blues sont déjà prévues à l'harmonica : John Mayall et James Harman. Le disque s'intitulera *Le Cœur d'un homme*.

Un nouveau fan

Je n'ai toujours pas rencontré Johnny Hallyday, mais je suis tout de même fier d'avoir enregistré pour lui, même si ce n'étaient que des maquettes.

C'est gratifiant de se rapprocher de la sphère d'une grande star. On évolue dans des studios prestigieux, on voit du « beau monde » et on se fait des contacts précieux. La musique, c'est un métier de rencontres.

Après la séance, j'ai demandé au guitariste Éric Sauviat d'échanger nos numéros. J'adore son jeu, toujours inspiré et très instinctif. C'est l'un des meilleurs musiciens de blues que j'ai eu la chance de connaître. J'aimerais lui proposer de jouer dans mon groupe, quand il aura achevé la tournée de Francis Cabrel.

Mon téléphone sonne et le nom « Yvan Cassar (Johnny) » s'affiche à l'écran.

– Greg, tu as un nouveau fan !
– Salut, Yvan, de qui parles-tu ?
– Johnny a écouté les maquettes. Il a complètement craqué sur toi.
– Ah bon ?
– Il me demande qui joue de l'harmonica. Je lui raconte que tu t'appelles Greg, que tu es polonais et que tu vis à Paris. Tu sais ce qu'il me répond ?
– Non… ?
– « Comment se fait-il que je ne le connaisse pas ? C'est lui que je veux. »
– Mais c'est génial !
– Bravo, Greg. On va mettre tes harmonicas sur l'album.

À l'intérieur de ma mallette, je range une quarantaine d'harmonicas. Ce sont les petits harmonicas diatoniques. Je joue sur les harmonicas Hohner, principalement les modèles Golden Melody et Marine Band.

Los Angeles, 23 avril 2014

Pour obtenir un son électrique, j'utilise un micro spécial, des pédales d'effets et un ampli de guitare.

Nancy, 27 février 2016

Je joue de l'harmonica depuis l'âge de 14 ans. À l'époque, je vivais à Varsovie et mon oncle m'en a apporté un des États-Unis. Depuis, la passion pour le petit instrument ne m'a jamais quitté.

SEPTEMBRE 2007
17 LUNDI

★ ★ ★

16 H STUDIO OMEGA, SURESNES

La rencontre

Yvan Cassar fait de nouveau appel à moi pour une séance d'enregistrement. Il s'agit de la célèbre publicité Optic 2000. Le film se passe sur la Route 66, au son de « La musique que j'aime ». J'entre dans le studio et, cette fois, je tombe sur Johnny Hallyday en personne.

C'est la première fois que je le vois. Il est assis, en train de signer des photos. Il me paraît plus âgé que ce que j'imaginais, mais il est tellement impressionnant ! Johnny se lève pour me saluer, il est plus grand que moi.

– Tu peux me tutoyer, tu sais. Dis-moi, Greg, tu joues sur les Marine Band ?

Tiens, c'est extrêmement rare de trouver quelqu'un qui s'intéresse vraiment à l'harmonica. Je suis très surpris que Johnny me parle d'un modèle si particulier. Le Marine Band Hohner est l'archétype de l'harmonica blues. Comment le connaît-il ? On se met à parler de musique, du blues, et on en oublie presque le temps qui passe. Johnny me raconte sa rencontre avec Jimi Hendrix dans un restaurant de Londres.

– J'étais avec Otis Redding, quand j'entends ce gars jouer de la guitare. Il était formidable. C'était Jimi Hendrix, encore inconnu. Alors je vais le voir et je lui propose de faire les premières parties de ma tournée en France. Après, on a chacun repris « Hey, Joe ». Lui était le numéro 1 en Angleterre et moi, le numéro 1 en France.

Johnny éclate de rire en évoquant ce souvenir et moi, j'ai des étoiles plein les yeux. Je suis en face d'un homme qui non seulement connaît le blues, mais qui fait lui-même partie de l'histoire de cette musique.

SUR LA ROUTE ★ AVEC ★ JOHNNY

★ ★ ★

SEPTEMBRE 2007
LUNDI 17

17H STUDIO OMEGA, SURESNES

L'audition

Je m'installe dans la cabine d'enregistrement avec un casque sur les oreilles et mon harmonica à la main. On teste le son.

En face de moi, derrière la vitre, se tient Johnny Hallyday, les bras croisés et le regard bleu acier fixé sur moi. Son expression ne laisse rien deviner. Je ne sais pas s'il est là pour m'encourager ou pour me déstabiliser. Qu'est-ce que je ressens à ce moment-là ? Malgré toute mon expérience d'harmoniciste, j'ai peur. Tout simplement. Et ça me met en colère. Je viens de le rencontrer et déjà Johnny me met la pression. D'un coup, je ne suis plus sûr de mes choix, de mon son. Il faut se ressaisir.

La séance commence. Je ferme les yeux pour entamer « La musique que j'aime », avec le sentiment désagréable de passer une audition.

Je sors enfin de la cabine. Finalement, je n'en ai fait qu'à ma tête : au lieu de jouer « La musique que j'aime », j'ai improvisé un blues que la chanson m'inspirait. Tant pis si Johnny n'aime pas ! Mais le chanteur hoche la tête en signe d'approbation. Il pose la main sur mon épaule, me regarde droit dans les yeux et me fait cette proposition incroyable :

– Greg, tu veux partir en tournée avec nous ?

La réponse est venue avant même que je puisse réfléchir à la question. J'ai entendu ma voix tremblante balbutier un « oui Johnny, ce serait super ». Dès les premiers instants, j'ai été touché par cet homme qui m'a montré son respect, m'a laissé libre de m'exprimer et qui connaît si bien l'harmonica.

Après tant d'années, je suis sûr d'avoir fait le bon choix.

2009

Le rêve américain

Londres, 15 octobre 2012

Tour 66 : roadbook et pass musicien

TOUR 66

JOHNNY HALLYDAY

Philippe Uminski : direction musicale, arrangements et guitare acoustique
Robin Le Mesurier : guitare électrique, **Clint Walsh :** guitare électrique, **Laurent Vernerey :** basse, **Maxime Garoute :** batterie, **Brad Cole :** piano, **Johan Dalgaard :** claviers, **Greg Zlap :** harmonica, **Alain Couture :** chœurs et guitare acoustique, **Amy Keys :** chœurs, **Nayanna Holley :** chœurs
The Vine Street Horns : **Harry Kim :** arrangements des cuivres, trompette, **Arturo Velasco :** trombone, **George Shelby :** saxophone ténor, **Ernie Fields Jr :** saxophone baryton

Gabrielle n° 1	08/05/09	**SAINT-ÉTIENNE**	Zénith	
Gabrielle n° 2	09/05/09	**SAINT-ÉTIENNE**	Zénith	
Gabrielle n° 3	10/05/09	**SAINT-ÉTIENNE**	Zénith	
Gabrielle n° 4	12/05/09	**SAINT-ÉTIENNE**	Zénith	
Gabrielle n° 5	13/05/09	**SAINT-ÉTIENNE**	Zénith	
Gabrielle n° 6	15/05/09	**SAINT-ÉTIENNE**	Zénith	
Gabrielle n° 7	16/05/09	**SAINT-ÉTIENNE**	Zénith	
Gabrielle n° 8	19/05/09	**BRUXELLES (Belgique)**	Forest National	
Gabrielle n° 9	20/05/09	**BRUXELLES (Belgique)**	Forest National	
Gabrielle n° 10	22/05/09	**BRUXELLES (Belgique)**	Forest National	
Gabrielle n° 11	23/05/09	**BRUXELLES (Belgique)**	Forest National	
Gabrielle n° 12	28/05/09	**PARIS**	Stade de France	(générale)
Gabrielle n° 13	29/05/09	**PARIS**	Stade de France	
Gabrielle n° 14	30/05/09	**PARIS**	Stade de France	
Gabrielle n° 15	31/05/09	**PARIS**	Stade de France	
Gabrielle n° 16	03/06/09	**SOCHAUX**	Stade Bonal	
Gabrielle n° 17	06/06/09	**METZ**	Stade Saint-Symphorien	
Gabrielle n° 18	09/06/09	**LENS**	Stade Bollaert	
Gabrielle n° 19	12/06/09	**LE HAVRE**	Stade Jules-Deschaseaux	
Gabrielle n° 20	16/06/09	**NANTES**	Stade La Beaujoire	
Gabrielle n° 21	17/06/09	**NANTES**	Stade La Beaujoire	
Gabrielle n° 22	20/06/09	**BORDEAUX**	Stade Chaban-Delmas	
Gabrielle n° 23	24/06/09	**LYON**	Stade Gerland	
Gabrielle n° 24	01/07/09	**GRENOBLE**	Stade des Alpes	
Gabrielle n° 25	04/07/09	**GENÈVE (Suisse)**	Stade de La Praille	
Gabrielle n° 26	08/07/09	**BÉZIERS**	Stade de La Méditerranée	
Gabrielle n° 27	11/07/09	**MARSEILLE**	Stade Vélodrome	
Gabrielle n° 28	14/07/09	**PARIS**	Tour Eiffel	
Gabrielle n° 29	18/07/09	**MONACO**	Sporting Monte-Carlo	
Gabrielle n° 30	19/07/09	**MONACO**	Sporting Monte-Carlo	
Gabrielle n° 31	21/07/09	**MONACO**	Sporting Monte-Carlo	
Gabrielle n° 32	22/07/09	**MONACO**	Sporting Monte-Carlo	
Gabrielle n° 33	23/07/09	**MONACO**	Sporting Monte-Carlo	
Gabrielle n° 34	25/09/09	**LILLE**	Zénith Arena	
Gabrielle n° 35	27/09/09	**NANCY**	Zénith	
~~**Gabrielle n° 36**~~	~~29/09/09~~	~~**BRUXELLES (Belgique)**~~	~~Forest National~~	**ANNULÉ extinction de voix**
Gabrielle n° 37	30/09/09	**BRUXELLES (Belgique)**	Forest National	
Gabrielle n° 38	02/10/09	**BRUXELLES (Belgique)**	Forest National	
Gabrielle n° 39	03/10/09	**BRUXELLES (Belgique)**	Forest National	
Gabrielle n° 40	04/10/09	**BRUXELLES (Belgique)**	Forest National	
Gabrielle n° 41	07/10/09	**STRASBOURG**	Zénith	
Gabrielle n° 42	08/10/09	**STRASBOURG**	Zénith	
Gabrielle n° 43	10/10/09	**DIJON**	Zénith	
Gabrielle n° 44	11/10/09	**DIJON**	Zénith	
Gabrielle n° 45	12/10/09	**DIJON**	Zénith	
Gabrielle n° 46	16/10/09	**MONTBÉLIARD**	L'Axone	
Gabrielle n° 47	18/10/09	**NICE**	Palais Nikaïa	
Gabrielle n° 48	19/10/09	**MONTPELLIER**	Zénith	
Gabrielle n° 49	20/10/09	**MONTPELLIER**	Zénith	
Gabrielle n° 50	22/10/09	**LYON**	Halle Tony-Garnier	
Gabrielle n° 51	24/10/09	**MARSEILLE**	Dôme	
Gabrielle n° 52	25/10/09	**NICE**	Palais Nikaïa	
Gabrielle n° 53	27/10/09	**GENÈVE (Suisse)**	Arena	
Gabrielle n° 54	28/10/09	**GENÈVE (Suisse)**	Arena	
Gabrielle n° 55	30/10/09	**METZ**	Galaxie	
Gabrielle n° 56	31/10/09	**ÉPERNAY**	Millesium	
Gabrielle n° 57	02/11/09	**LE MANS**	Antarès	
Gabrielle n° 58	03/11/09	**ORLÉANS**	Zénith	
Gabrielle n° 59	05/11/09	**LIMOGES**	Zénith	
Gabrielle n° 60	06/11/09	**LIMOGES**	Zénith	
Gabrielle n° 61	08/11/09	**ANGOULÊME**	Parc des Expositions	
Gabrielle n° 62	10/11/09	**BORDEAUX**	Patinoire Mériadeck	
Gabrielle n° 63	11/11/09	**BORDEAUX**	Patinoire Mériadeck	
Gabrielle n° 64	13/11/09	**TOULOUSE**	Zénith	
Gabrielle n° 65	14/11/09	**PAU**	Zénith	
Gabrielle n° 66	16/11/09	**TOULOUSE**	Zénith	
Gabrielle n° 67	17/11/09	**TOULOUSE**	Zénith	
Gabrielle n° 68	19/11/09	**ANGERS**	Amphitéa	
Gabrielle n° 69	21/11/09	**CLERMONT-FERRAND**	Zénith	
Gabrielle n° 70	22/11/09	**CLERMONT-FERRAND**	Zénith	
Gabrielle n° 71	24/11/09	**ORLÉANS**	Zénith	

12 avril 2009

J'arrive à Los Angeles!

Hollywood Hills et Griffith Park, avec mes amis musiciens Laurent, Johan et Max.

Le contrat

Le *Tour 66* est présenté au public comme la tournée d'adieu de Johnny. Les affiches dans le métro montrent le chanteur sur le pas d'une porte, en costume noir et chemise blanche, la cravate desserrée. Le slogan « M'arrêter là, avec vous » ne peut pas être plus explicite. La tournée s'annonce énorme, composée de pas moins de 92 dates à cheval sur 2009 et 2010.

Pour signer les contrats, je suis reçu dans les bureaux de Jean-Claude Camus Productions par Roger Abriol, ancien ingénieur du son de Johnny, passé du côté de la production. Je n'ai jamais accompagné d'artiste de cette envergure, ce milieu m'est inconnu. J'ai dû me renseigner auprès des copains pour savoir combien sont généralement payés les musiciens de tournée. Tout le monde me dit que le cachet d'un musicien de Johnny doit être plus important qu'avec n'importe quel autre artiste.

– On ne sait pas trop ce que tu vas faire. Il y aura un set acoustique blues, c'est peut-être là-dessus que tu interviendras.

Roger m'explique que l'harmonica ne tiendra probablement pas une place importante dans le spectacle. Puis il note un chiffre sur un Post-It, il plie la feuille en deux, et me la glisse sur le bureau.

– Oui, c'est ce que je m'attendais à avoir.

– Alors tout va bien, Greg, tu peux signer les contrats.

Je découvrirai plus tard que je viens de signer pour un salaire moitié moindre que celui des autres musiciens du groupe, alors que mon rôle dans le spectacle ne sera pas anecdotique. Mais ça, personne ne pouvait l'anticiper…

AVRIL 2009
12 DIMANCHE

11H HOLLYWOOD, LOS ANGELES

Hollywood

Les répétitions du *Tour 66* se déroulent à Los Angeles. Elles durent cinq semaines, je suis convié pour les deux dernières. Je loge dans le luxueux hôtel Sheraton Universal, à Hollywood. C'est ma première visite dans cette ville où tout semble réuni pour une vie de rêve, comme au cinéma : le soleil de Californie, les palmiers, l'impression qu'on pourrait devenir quelqu'un d'important du jour au lendemain. Ici, tout est possible !

À mon arrivée, je retrouve mes amis, le bassiste Laurent Vernerey, le batteur Maxime Garoute et le claviériste Johan Dalgaard. Tous les trois font partie du *band* de Johnny et sont ici depuis déjà trois semaines. Johan joue aussi dans mon groupe depuis quelques années. Nous avons enregistré ensemble mon album *Varsovie* en 2005. Les autres musiciens de la tournée sont américains, je ne les connais pas encore.

Le voiturier de l'hôtel avance le véhicule mis à notre disposition par la production pour la durée des répétitions. Laurent, qui connaît bien Los Angeles, nous emmène faire une balade au Griffith Park et au pied des fameuses lettres H O L L Y W O O D qui ornent la colline. J'en profite pour demander à Laurent de me briefer un peu :

– Alors, raconte-moi comment ça se passe…

– On a déjà bien avancé sur les rythmiques, on n'attend plus que les cuivres et ton harmonica pour finaliser les arrangements.

– Et Johnny, il vient aux répétitions ?

– Tu le verras tous les jours. On travaille de 10 heures à 18 heures, toute la semaine, sauf le dimanche. Johnny vient dans l'après-midi.

– Vous avez vu Laeticia ? Elle est sympa ?

– Oui, très sympa. Elle passera certainement au studio demain pour te rencontrer.

14H CENTER STAGING STUDIOS, BURBANK

AVRIL 2009
LUNDI 13

Le banc des remplaçants

Durant nos répétitions, les morceaux s'enchaînent et j'ai l'étrange sensation que tous les musiciens les connaissent… sauf moi.

J'ai grandi à Varsovie et contrairement à tous les Français, je ne connaissais pas Johnny. Charles Aznavour et Mireille Mathieu étaient à l'époque les seuls artistes français vivants dont j'entendais parler en Pologne. C'est seulement en arrivant en France, à la fin des années 1980, que j'ai découvert le nom de Johnny Hallyday. Mais pas ses chansons. « Né dans la rue », « Requiem pour un fou », « Diego », « L'idole des jeunes », « Quelque chose de Tennessee », « Gabrielle », ces titres ne me disent rien. Ah si ! « Allumer le feu », je l'ai déjà entendu. Je me souviens, c'était dans un clip à la télé, où on voyait le rocker faire de la musculation.

À l'origine, dans les chansons de Johnny, il y a toujours des guitares, quasiment jamais d'harmonica. Il faut donc créer de nouvelles parties spécialement pour moi. Le directeur musical de la tournée, Philippe Uminski, a préparé des maquettes avec les arrangements précis qu'il a imaginés pour le groupe. Il m'avoue franchement sa méconnaissance de mon instrument.

– Tu sais, Greg, à part Bob Dylan, je ne connais pas grand-chose à l'harmonica.

Philippe me laisse proposer des idées, cependant, la plupart du temps, les morceaux sont joués sans l'harmonica. Du coup, je passe parfois des journées entières assis, à observer le groupe travailler. C'est passionnant mais je m'inquiète pour la suite de la tournée. J'ai l'impression d'être sur le banc des remplaçants.

Répétitions du Tour 66

Robin Le Mesurier,
Maxime Garoute,
Laurent Vernerey

Clint Walsh,
Arturo Velasco,
Harry Kim,
George Shelby

Johan Dalgaard

Nayanna Holley,
Amy Keys

Philippe Uminski

Alain Couture

Los Angeles, 20 avril 2009

Brad Cole

AVRIL 2009
16 **JEUDI**

16H CENTER STAGING STUDIOS, BURBANK

Le solo de Gabrielle

Quand Johnny vient répéter au studio, ça change tout ! En fait, il ne sait pas répéter. Il saisit le pied de son micro, écarte les jambes, les ancre solidement dans le sol et chante comme s'il était sur scène. Je ne l'ai jamais vu s'économiser sous prétexte qu'il n'y avait pas de public. Le voir chanter à pleine puissance, alors que nous sommes entre nous, suscite mon respect total. Il n'y a pas meilleure école pour apprendre le métier, il suffit de le regarder et de le suivre.

À présent, on va répéter « Gabrielle ». « C'est quoi, "Gabrielle"... ? » je demande discrètement à Johan, à l'orgue à côté de moi. Johnny se tourne dans ma direction.

– Greg, d'habitude il y a la guitare, mais on va changer. Tu peux jouer un solo d'harmonica là-dessus ?

Le solo arrive vite, après le premier refrain. Je me lance dans l'improvisation en y mettant mes tripes. Je veux impressionner Johnny ! J'ai l'habitude de fermer les yeux pour me plonger davantage dans la musique, je ne pense plus à mon corps quand je joue. J'attends le verdict du Boss avec impatience...

– Dis, Greg, tu ne vas pas rester planté comme un piquet derrière ton micro quand on va faire le show ?

Ce jour-là, je fais une promesse à Johnny. La promesse de faire le show, de me rouler par terre s'il le faut ! Je comprends que le défi qu'il me lance n'est pas juste de jouer de l'harmonica. Il va falloir que je devienne une véritable « bête de scène » si je veux impressionner le Patron.

★ ★ ★

AVRIL 2009
MARDI 21

17H CENTER STAGING STUDIOS, BURBANK

Le Scrabble

En Pologne, il est tout à fait normal de s'appeler Grzegorz Szlapczynski, mais en France, c'est imprononçable ! Avec toutes les consonnes qu'il y a dans mon nom, je pourrais faire un malheur au Scrabble !

Comment s'en sortir avec un nom pareil ? Je me suis présenté comme « Greg » dès mon arrivée en France. En ce qui concerne le nom de famille, j'ai enregistré plusieurs disques en tant que « Szlapczynski ». Un sacré défi pour les journalistes qui les ont chroniqués ! Si le public s'obstine à me rebaptiser « Zlap », j'hésite un moment avant d'abandonner mon nom pour ce pseudonyme. Ce n'est qu'en 2008 que je me décide enfin à sortir mon premier disque sous le nom de Greg Zlap. L'album s'appelle *Road Movie(s)*, j'y reprends des musiques de film en version blues. Je l'ai d'ailleurs offert à Johnny à la première occasion.

Aujourd'hui, l'opérateur du prompteur Patrick Jacob prépare la liste des musiciens. Johnny tente un premier essai devant le micro :

– Guitares : Clint Walsh, Robin Le Mesurier. Basse : Laurent Vernerey. Batterie : Maxime Garoute. Piano : Brad Cole. Claviers : Johan Dalgaard. Harmonica : Greg Sszalzspc… C'est quoi ça ?

C'est mon vrai nom, qui a été communiqué par la production pour les crédits des musiciens. J'explique à Johnny qu'il peut m'appeler Greg Zlap, pour simplifier.

– Oui, c'est mieux. Parce que sans ça, je n'y arriverai jamais. Patrick, tu peux modifier ? Tu mets Greg Zlap à la place, Zlap avec un Z.

SUR LA ROUTE AVEC JOHNNY

Los Angeles, 12 et 17 avril 2012

Je n'ai jamais vu Johnny s'économiser, même pas pendant les répétitions !

Los Angeles, 12 et 17 avril 2012

Johnny prépare
la version acoustique
de la chanson
« Tes tendres années »
à la guitare.

AVRIL 2009
23 JEUDI

11H CENTER STAGING STUDIOS, BURBANK

Gritz

La spectaculaire section de cuivres de Johnny est dirigée par le trompettiste Harry Kim. Avec lui, il n'y a que des pointures : Arturo Velasco au trombone, Ernie Fields au saxophone baryton et George Shelby au saxophone ténor. Ce sont les Vine Street Horns, qui accompagnent aussi Phil Collins à travers le monde.

George avait dû apprendre l'harmonica en urgence sur la précédente tournée de Johnny, le *Flashback Tour*.

– Greg, je suis tellement content que tu sois là. Tu ne peux pas savoir à quel point j'ai souffert avec l'harmonica...

– J'ai écouté les enregistrements. Pour quelqu'un qui ne sait pas jouer, je t'assure que tu t'es très bien débrouillé, George.

Le surnom de l'harmonica dans le monde du blues est le « Mississippi saxophone ». J'ai une vraie affiliation avec les cuivres et moi aussi, j'ai fini par avoir un sobriquet chez les Vine Street Horns. J'ai été baptisé par Ernie Fields, le doyen du groupe.

– On va t'appeler Gritz.

– Gritz... ?

– Comment lui expliquer, Harry ? Dans notre jargon, *gritz* c'est la nourriture de l'âme, *the soul food*.

Je n'ai jamais compris ce que *gritz* voulait vraiment dire, mais un surnom, ça se mérite. Je le porte avec fierté.

★ ★ ★

MAI 2009
MARDI **5**

9 H HÔTEL DU GOLF, SAINT-ÉTIENNE

Le coach

Les répétitions du *Tour 66* se poursuivent à présent en France, au Zénith de Saint-Étienne. C'est la dernière ligne droite avant le début de la tournée. Je me suis fixé pour but de m'y préparer physiquement. J'aime l'idée du dépassement de soi, de se transcender comme dans la scène culte du film *Rocky* où, à la fin de son entraînement, le boxeur réussit à monter en courant les hautes marches du Museum of Art de Philadelphie.

En plus, je ne suis pas le seul. Laurent et Johan font partie des sportifs du groupe. Nous avons déjà derrière nous deux semaines d'entraînement quotidien à Los Angeles. À Saint-Étienne, nous mettons la barre encore plus haut grâce à Christian Cornu, le coach sportif personnel de Johnny, qui nous prend en main.

Christian suit le *Tour 66* pour s'occuper de la forme physique de Johnny. Mais comme, le matin, le chanteur se repose, le coach s'occupe de nous.

– C'est à partir de quarante minutes qu'on commence à brûler les graisses, les gars, en dessous de quarante minutes, ça ne sert à rien !

Je suis déjà fatigué, mais je m'exécute. Pompes, abdos, étirements et course à pied. Christian surveille aussi notre alimentation. Le *catering*, la cantine de tournée, est assuré par la société Egg Cetera, qui nous concocte des menus délicieux, variés et très gourmands… Il me faudra une volonté de fer pour me plier aux exigences de notre coach.

– Tu vois, Greg, tous les bons desserts du *catering* ? Ben, tu n'y touches pas.

Le ton est donné pour la tournée. Bye-bye, les desserts !

MAI 2009
6 MERCREDI

18H ZÉNITH, SAINT-ÉTIENNE

Mad Max ou Robin des Bois ?

Nos costumes de scène sont dessinés et taillés sur mesure par le styliste Frédéric Delliaux. Nous devons les essayer pour la répétition générale.

Certains musiciens ne sont pas très à l'aise, d'autres sont ravis de leur allure. Les choristes Amy Keys et Nayanna Holley, les *sexy ladies* comme les appelle Johnny, ont des robes noires spectaculaires conçues uniquement avec des fermetures Éclair. Moi, on m'a attribué une tenue façon Mad Max : un pantalon noir avec zips sur les genoux, des mitaines, une « cartouchière » d'harmonicas à la ceinture, un haut noir avec une sorte de cotte de mailles par-dessus et une capuche. Je ressemble à un apprenti jedi de *Star Wars*, brandissant mon micro tel un sabre laser. C'est plutôt inattendu et carrément amusant de se voir comme ça dans un miroir.

Le guitariste Robin Le Mesurier est le seul à avoir le droit de s'habiller comme il le souhaite. Il a un look tellement personnel et affirmé qu'on l'imagine très bien dormir dans son habit de lumière.

Pendant « Le pénitencier », je me promène sur la passerelle avec ma capuche sur la tête, très fier de mon effet, sous l'œil attentif du metteur en scène Bernard Schmitt. Le cinéaste aux cheveux blancs a réalisé de nombreux clips vidéo pour Johnny et travaille depuis des années sur ses spectacles.

– Ça ne va pas être possible, Greg. La capuche est de trop, on dirait Robin des Bois.

Bernard Schmitt a tranché, la capuche ne sera pas retenue pour le show.

Mad Max ou Robin des Bois ?

Saint-Étienne, 6 mai 2009

Ma tenue de scène du Tour 66.
La capuche sera écartée après
les essais...

Paris, 16 juin 2013

Lors du solo de « Gabrielle », je n'hésite pas à faire le show avec Johnny.

Je vais même jusqu'à me mettre à genoux, et finis étalé sur les planches...

Ce jour-là, la dernière note d'harmonica me met K.-O. Harry et Johnny m'aident à me relever.

MAI 2009
JEUDI 7

20 h Zénith, Saint-Étienne

Jeu de scène

Je crée mon personnage de scène en imaginant un show à l'américaine, à la démesure de Johnny Hallyday. Ma référence, c'est le groupe de rock Kiss, que j'admire depuis mon adolescence. Leur maquillage, leur mise en scène, tout est fait pour éblouir les spectateurs. Ils crachent du feu et du sang, leurs guitares projettent des rayons de lumière, leur batterie déclenche un feu d'artifice. C'est le genre de spectacle que je m'attends à vivre aux côtés de Johnny.

Le show lumière est créé et assuré par le célèbre Jacques Rouveyrollis, qui éclaire les concerts de Johnny depuis le Palais des Sports de Paris en 1976. Jacques m'encourage dans mon élan depuis sa régie lumière située à l'autre bout du Zénith. J'entends sa voix dans mes oreillettes.

– Greg, tu peux te déplacer où tu veux. On peut t'éclairer partout en te suivant avec les projecteurs.

Je vais devoir vaincre ma timidité, me jeter à l'eau. Alors je cours à travers la scène, je monte sur la passerelle et je vais jusqu'à me mettre à genoux sur le solo de « Gabrielle ».

Après le filage, Johnny fait quelques remarques à la régie vidéo. Il demande de bien montrer les solistes sur les écrans, et pas « toujours le chanteur ». Ensuite, c'est au tour des musiciens : « Ne passe pas devant moi sur scène », « Regarde-moi pour les signes », « Arrête de gigoter comme une danseuse »... Le Patron se tourne alors vers moi :

– Toi, Greg, ne change rien.

Ouf, on dirait que j'ai tapé dans le mille.

MAI 2009
8 VENDREDI

#1 Gabrielle

21H ZÉNITH, SAINT-ÉTIENNE

Le chanteur du groupe

Tout le monde le sait, Johnny s'entoure des meilleurs. Faire partie de son groupe est un privilège et une référence dans le métier. Johnny nous défie, nous encourage. Alors, on a envie de se dépasser pour lui, de se montrer digne de sa confiance. Il est tellement professionnel, charismatique et généreux sur scène qu'il est impossible de lui faire de l'ombre. Du coup, il n'y a pas de limite dans l'escalade du show. On peut briller et séduire le public, cela tire le spectacle vers le haut. On se donne à fond et Johnny n'hésite jamais à nous montrer qu'il est fier de nous.

– Et le chanteur du groupe s'appelle... ?

Le public hurle la réponse : « Johnny Hallyday ! »

Après le concert, il faut « redescendre ». Nous nous retrouvons à l'hôtel. Un salon privé y est aménagé spécialement pour nous, à l'abri des regards curieux. On se détend et souvent, Johnny se met à nous raconter ses souvenirs légendaires.

– À l'époque, je cherchais un groupe pour m'accompagner. Mon manager m'appelle et me dit qu'il a trouvé des gars qui viennent de Hambourg pour l'audition. Moi, je n'en voulais pas, j'avais déjà trouvé des musiciens américains. Alors il les a fait repartir. J'ai appris ensuite que c'étaient les Beatles. Vous imaginez ? Si je les avais pris, peut-être que les Beatles n'auraient jamais existé ? Ou peut-être que je serais devenu un Beatles ?

Cette nuit-là, Johnny nous a tous couchés. J'ai tenu jusqu'à 5 heures du matin... J'ai dû en rater, des histoires, mais il y aura bien d'autres occasions. La tournée ne fait que commencer.

La Dauphine

Il y a une hiérarchie dans le public de Johnny. Les «touristes» sont dans les gradins, les «vrais» fans dans la fosse. Plus on approche de la scène, plus leur statut augmente, jusqu'à l'élite suprême des crash barrières : ceux qui ont campé sous la tente, devant la salle, pour être les premiers dans les starting-blocks. Cathy, David, Christine, Marianne, Véro, Lolo... Ceux-là n'envisagent pas un concert de Johnny autrement qu'au premier rang! On les appelle les «fans du premier rang».

Quand les portes s'ouvrent, c'est la course! Je me souviens de cette femme qui s'est fait bousculer en plein élan. Son sac à main vole, et tout son contenu atterrit sur le sol. Elle jette un regard derrière elle, puis un regard vers la scène. Un bref moment d'hésitation. Et elle poursuit sa course vers les crash barrières.

Parmi les «fans du premier rang», il y a Bruno. Je le croise tous les matins avec son incroyable «Dauphallyday» devant le portail de l'Hôtel du Golf. Nous avons sympathisé. Il a entièrement customisé sa voiture, une authentique Renault Dauphine, aux couleurs de Johnny. C'est une forme d'hommage. Des portraits de la star à différentes époques de sa vie sont peints sur la carrosserie. Du bout des phares jusqu'au levier de vitesses sculpté à l'effigie du Boss, chaque détail est minutieusement travaillé.

Bruno est artisan boulanger, il a vendu sa boulangerie pour suivre les concerts du *Tour 66*. Avec lui, je découvre le phénomène «fan de Johnny». C'est une façon et parfois même une raison de vivre pour des milliers de personnes, de tous les milieux sociaux. Chacun a une histoire personnelle à raconter sur sa relation avec Johnny, un moment intime de «conversion». Je trouve ça très touchant. Leur engagement sans bornes contribue énormément à l'ambiance des concerts.

SUR LA ROUTE ★ AVEC ★ JOHNNY

MAI 2009
29 **VENDREDI**

#13 Gabrielle

22H STADE DE FRANCE, SAINT-DENIS

Le Stade de France

Moi qui n'ai jamais assisté à un match de foot, je découvre ce que doit ressentir un joueur sur la pelouse, au milieu de la gigantesque enceinte du stade. Mon regard balaie la fosse, les gradins, puis monte encore et encore vers le ciel.

Le Stade de France, 80 000 spectateurs ! Quelle formidable énergie se dégage de ce lieu, où des dizaines de milliers de personnes se sont rassemblées pour voir Johnny Hallyday. Un frisson me parcourt.

– Qu'est-ce que ça fait de jouer dans un stade ?

On me pose souvent cette question. Je m'imagine comme un gladiateur au temps des Romains, entrant dans l'arène du Colisée, à la merci de la foule qui peut décider de mon sort d'un simple signe du pouce.

Je redoutais d'être paralysé devant une telle multitude. Pourtant, pendant le concert, je me sens protégé, comme derrière une vitre. L'énergie sur scène semble se dissiper dans le public. Toutes les réactions vous reviennent atténuées, par vagues, avec un temps de retard.

La longueur du Stade de France est de 270 mètres. Le son se déplace à la vitesse de 340 mètres par seconde. Il ne faut donc pas loin d'une seconde à ma note d'harmonica pour atteindre les spectateurs en haut des gradins. S'ils applaudissent, il faudra le même temps pour que le son revienne et que je puisse les entendre. Vous imaginez le décalage ?

Malgré cela, quand 80 000 personnes vous applaudissent, c'est une sensation unique, c'est énorme !

Stade de France, 27 mai 2009

Montage et répétitions au Stade de France.

Souvenir du baptême de Joy

Gstaad, 5 juillet 2009

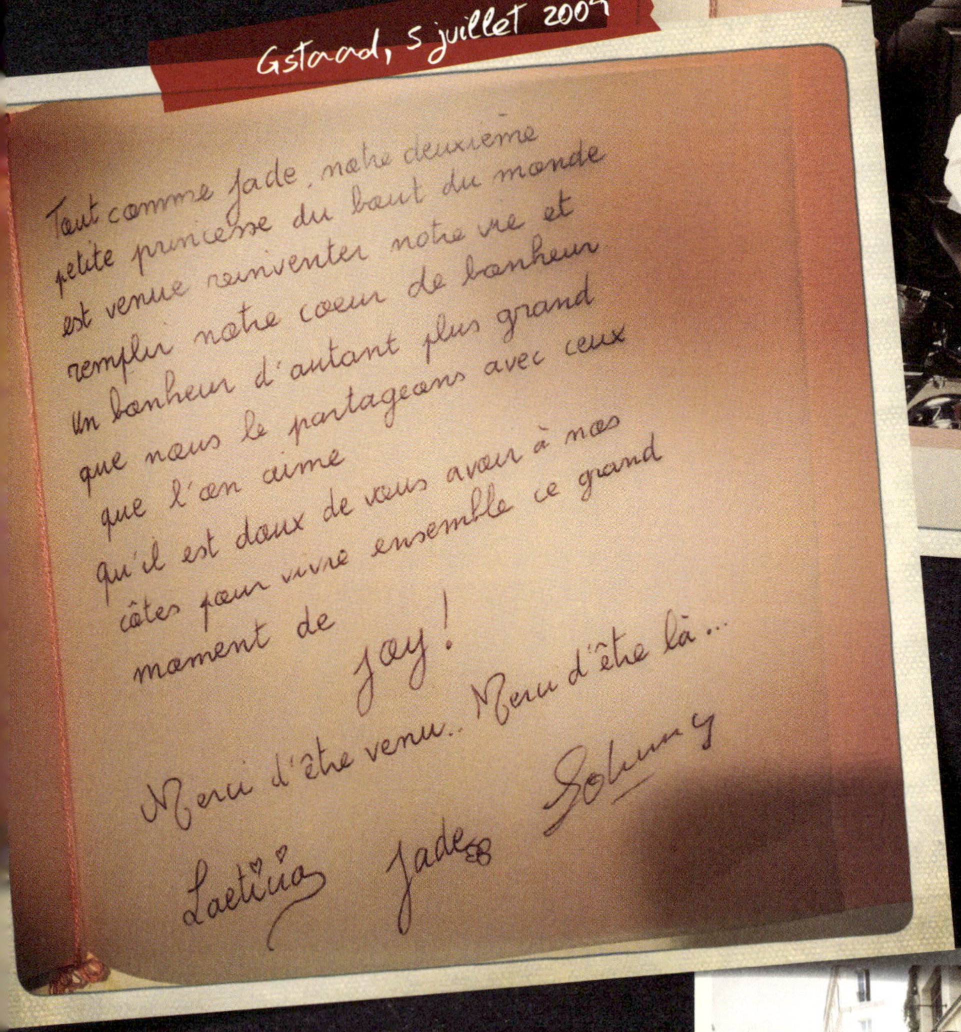

Tout comme Jade, notre deuxième
petite princesse du bout du monde
est venue réinventer notre vie et
remplir notre cœur de bonheur
Un bonheur d'autant plus grand
que nous le partageons avec ceux
que l'on aime
qu'il est doux de vous avoir à nos
côtés pour vivre ensemble ce grand
moment de
Joy!
Merci d'être venu.. Merci d'être là...
Johnny
Laetitia Jade

Paris, 31 mai 2009

Elvire et notre fille
Marguerite m'accompagnent
au départ du tour bus pour
le concert au Stade de France.

JUILLET 2009
DIMANCHE 5

12H GSTAAD, SUISSE

Les baptêmes

Aujourd'hui, c'est un grand jour. Le groupe est invité au baptême de Joy, la fille cadette de Johnny et Laeticia. C'est la première fois que je me retrouve dans un contexte familial chez les Hallyday. Pour une occasion aussi importante, je me suis procuré un très élégant costume blanc chez Kenzo.

Nous avons joué hier au stade de Genève et nous partons ce matin en direction de Gstaad. Le tour bus se hisse péniblement sur la route étroite et sinueuse au milieu des montagnes enveloppées par la brume. À notre arrivée, nous assistons à l'émouvante et joyeuse cérémonie en l'église de Lauenen. Avec mon harmonica, je me joins à l'ensemble gospel qui anime la messe pour interpréter « Oh Happy Day ». Nous nous retrouvons ensuite autour d'un repas dans le cadre champêtre d'un traditionnel chalet suisse. La petite Joy est craquante, sa grande sœur Jade rayonne. Johnny et Laeticia échangent des gestes de tendresse avec leurs enfants. Ils forment tous les quatre une magnifique famille. Moi aussi, je suis un jeune papa depuis sept mois. Je pense à ma petite Marguerite qui m'attend à la maison. Elle n'avait que quatre mois quand je suis parti aux répétitions à Los Angeles. Depuis, ce sont les incessants départs et retours de tournée. Quel drôle de métier. Je m'en rends compte à chaque nouvelle rencontre.

– Tu fais quoi dans la vie ?
– Je joue de l'harmonica...
– Ah, c'est super ! Mon grand-père en avait un, il en jouait souvent. Et à part ça, tu fais quoi comme métier ?
– Je ne travaille pas, je joue.

Pour moi, le *Tour 66* est un baptême d'un tout autre genre. Celui d'être à la fois papa, un biberon à la main, et rocker en blouson de cuir.

SUR LA ROUTE ★ AVEC ★ JOHNNY

JUILLET 2009
14 MARDI

#28 Gabrielle

21H Champ-de-Mars, Paris

La tour Eiffel

Nous sommes le 14 juillet, on joue sur le Champ-de-Mars. Le concert est synchronisé avec un splendide show lumière projeté sur la structure métallique de la tour Eiffel, suivi de feux d'artifice. L'événement est sans précédent. Ce soir, c'est Johnny qui illumine Paris!

Plus de 800 000 personnes, l'équivalent de dix Stades de France, se sont déplacées pour assister au spectacle, et des millions de téléspectateurs vont suivre la retransmission en direct à la télévision. Depuis la scène, on ne voit qu'une immense marée humaine à perte de vue.

Ma mère, Elzbieta, est venue avec ses copines. Comment imaginer qu'en quittant la Pologne dans les années 1980, elle offrirait à son fils un destin pareil? À 14 ans, son garçon jouait de l'harmonica dans sa chambre à Varsovie et aujourd'hui, il exerce sa passion auprès de deux monuments français : la tour Eiffel et Johnny Hallyday.

C'est au tour de «Gabrielle» d'entrer en scène. Johnny croise les poings. Son geste mythique est repris par des milliers de bras qui se lèvent devant moi. Je m'avance, c'est maintenant le moment de mon solo. J'ai l'impression d'être ridiculement petit, seul devant cette foule infinie. Il ne faut pas craquer. Ça y est, c'est passé, et le public a adoré. En sortant de scène, je me sens littéralement soulevé par une force.

– Tu étais incroyable! Tu les as hypnotisés avec ton harmonica!

C'est Mickey Rourke qui me dit ça. Je suis à dix centimètres du sol, dans les bras de l'acteur américain d'*Angel Heart* et *Neuf semaines ½*. C'est un ami de Johnny. Il vient de faire son retour sur les écrans avec le film *The Wrestler*. Je constate à sa force remarquable que le rôle était taillé pour lui.

21h Restaurant Casa Olympe, Paris

Le rêve américain

Le coiffeur de Johnny, Mathieu André, organise un dîner en petit comité dans le restaurant de son amie Olympe, rue Saint-Georges à Paris. Laeticia, Johnny et ses aînés, Laura et David, comptent parmi les invités.

Nous sommes le lendemain du concert triomphal de Johnny au Champ-de-Mars. David nous avait rejoints sur scène, à la batterie pour « Allumer le feu », et au chant pour un émouvant duo avec son père sur la chanson « Sang pour sang », dont il est le compositeur. Il me propose de venir le voir en studio.

– Je suis en train de préparer des titres pour mon nouvel album. Tu peux passer demain avec tes harmonicas ?

– Avec grand plaisir, David !

À la tombée de la nuit, nous sortons discuter sur le trottoir devant le restaurant. Plusieurs passants se faufilent entre nous, sans reconnaître Johnny Hallyday dans la pénombre. Ils viennent de frôler l'idole acclamée encore hier par un million de personnes. Johnny, seul dans la rue à Paris, c'est impensable ! Qui pourrait imaginer que c'est vraiment lui ?

– Souviens-toi, Greg. Ce qu'on a fait hier soir, personne ne l'avait jamais fait.

– Rassure-toi, Johnny, je ne risque pas d'oublier ça.

– Tu sais, j'aime beaucoup ta musique. Tes albums, je les range entre Bruce Springsteen et Bob Dylan. Pourquoi ne viens-tu pas vivre aux États-Unis ? Il y a du blues là-bas, tu aurais du succès…

Le rêve américain. Je ne sais pas comment lui expliquer que pour moi, l'Amérique est ici et le rêve, je suis en train de le vivre, un rêve tout éveillé.

Tour 66
Jamais seul TOUR
Born Rocker TOUR
Born Rocker TOUR US
Vieilles Canailles BERCY
Rester vivant TOUR
Vieilles Canailles LA TOURNÉE
La Madeleine

Nîmes, 17 juillet 2016

Les fans chantent « Que je t'aime ».

I ♥ JH

SEPTEMBRE 2009
25 **VENDREDI**

#34 Gabrielle

21h Zénith Arena, Lille

Le Phénix

Depuis plusieurs concerts, je remarque que Johnny a mal. Il paraît qu'il souffre d'une hernie discale. C'est en tout cas la rumeur qui circule dans le groupe. Le chanteur, lui, ne se plaint jamais. Avant le début du concert, Johnny semble diminué, courbé et fatigué. Mais dès que la musique commence, il se redresse, se métamorphose et monte sur les planches, rugissant comme un lion pour deux heures et demie de show non-stop. On dirait le phénix qui renaît de ses cendres.

Le show monte en puissance jusqu'à l'éternel hymne « Que je t'aime », dont le refrain est repris en chœur par le public, en totale communion avec le chanteur. Le dernier accord résonne encore quand les guitares entament la rythmique de « Gabrielle ».

Une chose incroyable est en train de se produire sur cette chanson, qui n'a jamais quitté Johnny depuis sa création en 1976. Elle est au programme de toutes ses tournées, sans exception. Mais avec le *Tour 66*, elle fait peau neuve. La salle envoûtée par le rythme effréné de l'harmonica se déchaîne. Le solo de « Gabrielle » devient une véritable attraction du show.

Je suis moi-même surpris par l'impact phénoménal de mon solo. C'est peut-être dû à l'énergie démesurée que j'y insuffle, associée à l'enthousiasme visible de Johnny. Il y a aussi notre moment d'échange sur scène, dans lequel j'ai de plus en plus d'assurance. Je ne me l'explique pas. Une subtile alchimie prend forme entre nous, c'est magique.

Mathieu le coiffeur et Nelly l'habilleuse se donnent rendez-vous chaque soir dans la salle, pour ne pas manquer ce passage : « C'est comme une transe ! Et puis, Johnny sourit sur scène, "Gabrielle" lui donne de l'énergie. »

Extinction de voix

Johnny est très attendu pour sa tournée d'adieu en Belgique. Depuis les couloirs en béton du Forest National à Bruxelles, décorés de graffiti laissés par les groupes de passage, je comprends que le public a l'air particulièrement chaud ce soir. Je l'entends déjà de loin, puis de plus en plus fort à mesure que je m'approche de la scène. Je commence à distinguer les mots, scandés sans relâche : «Johnny Hallyday, Johnny Hallyday, Johnny, Johnny, Johnny Hallyday!»

Mais la soirée s'annonce mal car Johnny souffre beaucoup de sa hernie discale. On prend du retard... Le médecin arrive enfin, mais ne fera pas de miracle. Pas d'autre solution que d'annuler le spectacle. La raison officielle donnée au public : extinction de voix. On transmet à tout le personnel et aux musiciens la consigne de ne pas s'approcher de la scène et d'attendre que Johnny soit évacué avant d'annoncer la mauvaise nouvelle à la foule.

C'est le régisseur général de la tournée, Michel Marseguerra, qui est désigné pour faire l'annonce au micro, devant le public. Il a la pâleur d'un fantôme en s'avançant vers la scène...

J'observe tout ça avec étonnement. Je me doute que le public va être extrêmement déçu mais, tout de même, pourquoi tant de précautions?

Je ne vais pas tarder à comprendre. Dépité de ne pas voir son idole, le public se transforme sous mes yeux en une bête dangereuse. Un grondement parcourt la salle, les voix s'élèvent avec une violence extrême. Les murs tremblent. Insultes et cris de haine nous poursuivent jusqu'au fond des loges. Ce soir, je découvre la face sombre d'un public contrarié et en colère. Franchement, ça fait très peur...

2010

Le coma

14 juin 2012, Stade de France

Tour 66 : pass VIP

Roadbook : juin-juillet 2009, première partie Christophe Maé

LE COMA

JOHNNY HALLYDAY

Philippe Uminski : direction musicale, arrangements et guitare acoustique **Robin Le Mesurier :** guitare électrique, **Clint Walsh :** guitare électrique, **Laurent Vernerey :** basse, **Maxime Garoute :** batterie, **Brad Cole :** piano, **Johan Dalgaard :** claviers, **Greg Zlap :** harmonica, **Alain Couture :** chœurs et guitare acoustique, **Amy Keys :** chœurs, **Nayanna Holley :** chœurs
The Vine Street Horns : **Harry Kim :** arrangements des cuivres, trompette, **Arturo Velasco :** trombone, **George Shelby :** saxophone ténor, **Ernie Fields Jr :** saxophone baryton

08/01/10	**AMIENS**	Zénith	ANNULÉ
09/01/10	**AMIENS**	Zénith	ANNULÉ
11/01/10	**CAEN**	Zénith	ANNULÉ
12/01/10	**CAEN**	Zénith	ANNULÉ
14/01/10	**LILLE**	Zénith	ANNULÉ
15/01/10	**ROUEN**	Zénith	ANNULÉ
16/01/10	**ROUEN**	Zénith	ANNULÉ
19/01/10	**RENNES**	Musik Hall	ANNULÉ
22/01/10	**NANTES**	Zénith	ANNULÉ
23/01/10	**NANTES**	Zénith	ANNULÉ
24/01/10	**TOURS**	Parc des Expos	ANNULÉ
26/01/10	**CLERMONT-FERRAND**	Zénith	ANNULÉ
27/01/10	**LIMOGES**	Zénith	ANNULÉ
29/01/10	**LYON**	Halle Tony Garnier	ANNULÉ
30/01/10	**MARSEILLE**	Dôme	ANNULÉ
31/01/10	**MONACO**	Sporting Monte-Carlo	ANNULÉ
03/02/10	**BRUXELLES (Belgique)**	Forest National	ANNULÉ
07/02/10	**GENÈVE (Suisse)**	Arena	ANNULÉ
09/02/10	**PARIS**	Palais omnisports de Paris-Bercy	ANNULÉ
10/02/10	**PARIS**	Palais omnisports de Paris-Bercy	ANNULÉ
12/02/10	**PARIS**	Palais omnisports de Paris-Bercy	ANNULÉ
13/02/10	**PARIS**	Palais omnisports de Paris-Bercy	ANNULÉ
17/02/10	**PARIS**	Olympia	ANNULÉ
18/02/10	**PARIS**	Olympia	ANNULÉ
19/02/10	**PARIS**	Olympia	ANNULÉ

En janvier 2010, 25 concerts de la dernière partie du Tour 66 sont annulés.

11h Jean-Claude Camus Productions, Paris

JANVIER 2010
VENDREDI 29

Le K.-O.

Nous avons tous suivi le drame dans les médias : l'hospitalisation de Johnny suite à l'opération d'une hernie discale qui a mal tourné, puis le coma artificiel et la procession de personnalités au chevet de la star que l'on croyait sur son lit de mort. Les nécrologies étaient prêtes et une rumeur s'est répandue selon laquelle Johnny, s'il trépassait, aurait certainement droit à un hommage national le jour de son enterrement.

Dans l'équipe, nous avons eu très peur, mais comme toujours, Johnny s'est relevé. Si sa vie n'est plus en danger, la tournée en revanche est restée K.-O. : les 22 derniers concerts du *Tour 66* sont annulés. Trois Olympia surprises étaient aussi prévus du 17 au 19 février, ils n'auront pas lieu. Les musiciens et les techniciens se retrouvent sur le carreau, sans cachet à la fin du mois. Il est quasiment impossible de décrocher un autre engagement à la dernière minute...

Dans les bureaux de Jean-Claude Camus Productions, où le moral est au plus bas, j'apprends avec plaisir que, finalement, nous serons indemnisés. Les assurances du producteur ont fonctionné.

La tournée s'est interrompue si brutalement que je n'ai même pas pu dire au revoir à Johnny. À ce jour, personne ne sait s'il pourra remonter sur scène. Il paraît qu'il a perdu sa voix, ce n'est peut-être qu'une rumeur... N'ayant aucun moyen de le joindre, je me sens très frustré de ne pas pouvoir prendre de ses nouvelles.

Je fonce tête baissée dans les préparatifs de l'enregistrement de mon nouvel album *Air*, que j'ai composé sur les routes avec Johan Dalgaard pendant le *Tour 66*.

MAI 2010
27 **JEUDI**

21h Olympia, Paris

La fumée des Gitanes

Ce soir, je vais assister au concert de Matthieu Chedid, alias -M-, à l'Olympia. C'est mon ami guitariste Éric Starczan qui m'y emmène, il connaît bien l'artiste. En plein milieu du concert, un invité surprise apparaît sur scène pour interpréter la chanson « Tanagra » avec Matthieu. C'est Johnny ! Je ne l'ai pas revu depuis la fin précipitée du *Tour 66*, en décembre dernier.

Après le show, on le retrouve en backstage de l'Olympia avec Laeticia. Il y a un bar célèbre, Le Marylin, qui n'est accessible qu'aux artistes et à leurs invités. C'est insolite, ici on paie nous-mêmes nos boissons.

– Ça va, Greg ?

– Je suis si heureux de te revoir, Johnny ! Comment vas-tu ?

– Ça va beaucoup mieux. Moi aussi, je suis content de te voir !

Avec un naturel qui lui est propre, Johnny allume une Gitane. L'ambiance se détend. Après un instant d'hésitation, la comédienne Marion Cotillard sort, elle aussi, son paquet de cigarettes. D'autres fumeurs suivent et les conversations continuent, un verre à la main, dans un joyeux nuage de fumée. Et sitôt que Johnny nous quitte pour aller saluer Matthieu dans sa loge, les agents de sécurité apparaissent comme par magie et nous lancent fermement :

– Mesdames, messieurs, il est formellement interdit de fumer ici !

Les fumeurs éteignent précipitamment leur cigarette, avec l'expression de gamins qui se font gronder. L'instant rebelle vient de s'évaporer, tout comme la fumée des Gitanes. Je constate une fois encore que souvent ce qui est interdit au commun des mortels ne l'est pas à Hallyday...

14 h Coloré par Rodolphe,
rue Danielle-Casanova, Paris

JUIN 2010
VENDREDI **11**

Chez Rodolphe

Quand Mathieu le coiffeur me donne rendez-vous au salon chez Rodolphe, je ne me doute pas qu'il me prépare une surprise. Johnny est là ! Il refait sa couleur, vêtu d'un peignoir, une serviette sur les épaules, avec des feuilles d'aluminium qui brillent dans ses cheveux et sa barbe. Ça me fait tout drôle, c'est une vision de Johnny tellement inattendue !

– Comment vas-tu, Johnny ? C'était super, ton duo avec -M- à l'Olympia l'autre soir, tu avais vraiment une belle voix !

– Je vais te faire un aveu, Greg, j'ai eu très peur. Quand je suis sorti du coma, j'ai cru que je n'allais plus pouvoir chanter. J'étais très angoissé d'avoir perdu ma voix, mais peu à peu, elle est revenue… Et toi, qu'est-ce que tu fais en ce moment ?

J'explique à Johnny que je suis en studio pour mon album *Air* qui fait intervenir presque exclusivement des instruments à vent, avec l'harmonica et ma voix au premier plan.

– Tu me dis si je peux faire quelque chose sur ton album ?

– Euh, tu es sûr, Johnny ? Tu chanterais avec moi ?

– Pour toi, Greg, évidemment… Tu m'envoies la chanson avant ?

– Par qui dois-je passer pour te contacter ?

– Faisons simple : note mon numéro et tu m'appelles quand tu veux.

Cette fois, c'est moi qui reste sans voix. Je n'en reviens pas, Johnny Hallyday vient de me proposer d'enregistrer sur mon album. Et pour couronner le tout, il me donne son numéro de portable !

– On se voit mardi, Greg ? Tu viens à mon anniversaire ?

– Oui, je serai là. Merci, Johnny !

Ruoms, 26 juin 2012

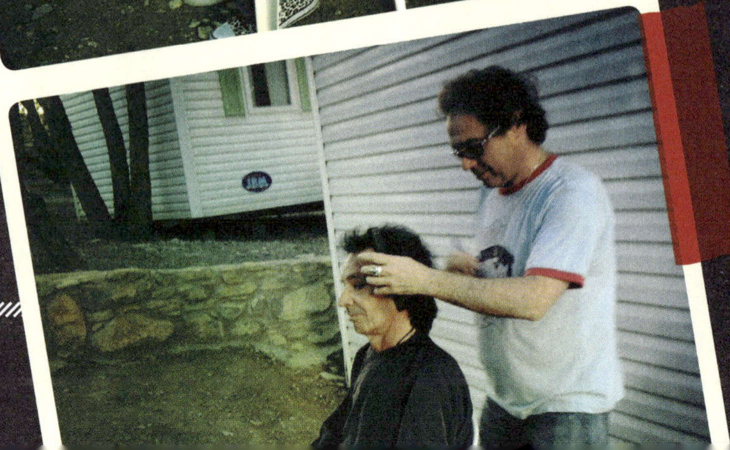

Mathieu, le coiffeur de Johnny, avec le guitariste Robin Le Mesurier.

En tournée, Mathieu veille à ce que chaque musicien soit impeccable sur scène.

Johnny en répétition à l'Arena de Montpellier lors du Jamais seul Tour.

Montpellier, 10 mai 2012

JUIN 2010
15 MARDI

20H PORT DE JAVEL, PARIS

Le cadeau

Quel cadeau offririez-vous à Johnny pour son anniversaire ? J'ai beau retourner cette satanée question dans tous les sens, la réponse ne vient pas. Finalement, j'ai apporté ma participation symbolique au cadeau commun choisi avec soin par Laeticia : un magnifique bracelet shamballa dont je n'ose même pas imaginer le prix.

J'enfile mon costume blanc du baptême de Joy. Elvire et moi partons en direction du XVe arrondissement de Paris, où nous sommes attendus sur un bateau amarré au port de Javel. Pour la première fois, nous faisons garder à la maison notre fille Nina, qui a à peine deux mois.

En arrivant sur le quai, nous sommes mitraillés comme des stars par les photographes. Il faut dire que nous sommes invités à cette soirée au même titre que Jean Reno, Pascal Obispo, Nikos Aliagas, Catherine Deneuve... Sur le pont du bateau, la fête bat son plein et je retrouve mon ami Norbert « Nono » Krief, le célèbre guitariste du groupe Trust, qui a accompagné Johnny sur scène pendant dix ans.

– Nono, il faut que je te dise une chose ultra-confidentielle : Johnny m'a proposé d'enregistrer un titre sur mon album.
– Non ! Tu es sérieux ?
– Tu ne me donnerais pas un coup de main pour arranger la chanson et y poser quelques notes de guitare ?
– Évidemment, Greg. Ça, c'est une excellente nouvelle !

Dans la foulée, Nono et moi montons sur une petite scène installée à l'intérieur du bateau. Johnny nous rejoint et entame « La musique que j'aime ». Dès qu'il chante, un tel plaisir se lit sur son visage qu'on ne peut imaginer meilleur cadeau d'anniversaire que cet instant de musique partagé entre nous. *Happy 67th birthday*, Johnny !

Greg Zlap 16 juin 2010 15:27

À : Johnny Hallyday Cc : Jef Cahours (Warner)

Ready for some blues ?

Bonjour Johnny,
Encore merci pour la soirée d'hier. Elvire et moi avons passé un délicieux moment. Et puis rejouer avec toi était un moment de pur bonheur !

Je voulais te proposer 2 dates pour l'enregistrement de « How Deep Is Your Soul » : le samedi 19 juin ou le mardi 22 juin.

Pour ces dates Johan et moi pouvons être là tous les 2.

Dis-moi si l'une de ces dates te convient. On pourrait voir avec Jef (en copie) pour organiser ta venue.

Sinon, peux-tu me donner une autre date qui te conviendrait mieux ?

Très impatient de faire du bon blues avec toi !

Amitiés,

Greg

Johnny Hallyday 23 juin 2010 16:24

À : Greg Zlap

Re : De la part de Greg

mon cher greg, je suis désolé, mais j'aimerais le faire à LA, je propose même de payer la séance moi-même, j'ai très envie de le faire, je serai plus tranquille là-bas, pour que tu saches j'ai convaincu warner de produire ton album si ça t'intéresse ? à toi de voir, je t'embrasse, JOHNNY

2011

L'autoportrait

Paris, 15 juin 2013

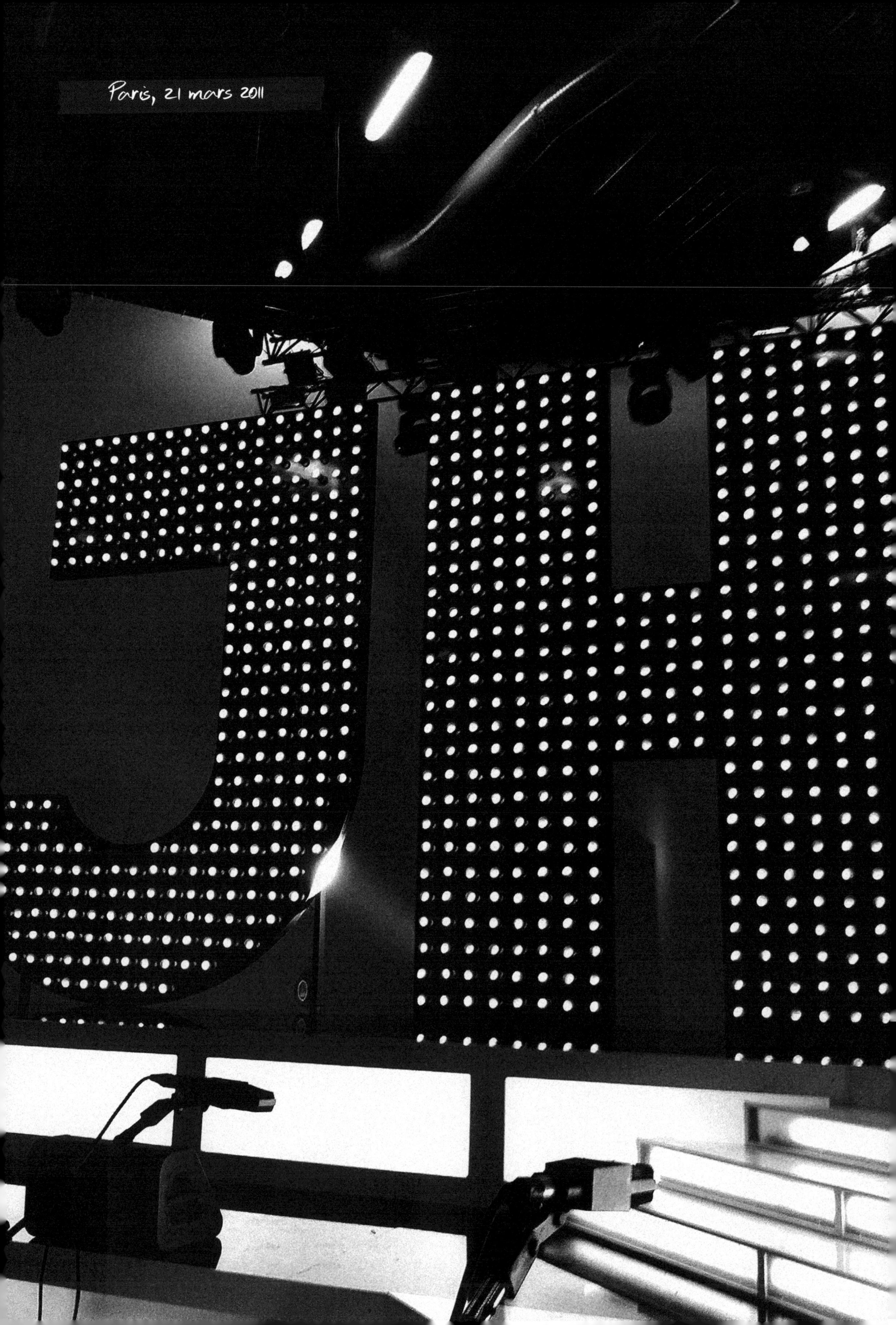

Paris, 21 mars 2011

MARS 2011
VENDREDI **4**

15H Burbank, Los Angeles

Permis moto

Johnny effectuera son grand retour sur TF1 dans un prime time du samedi soir, *Le Show Johnny*, diffusé le 26 mars. La bande-annonce nous vend une nouvelle tournée, un album composé par Matthieu Chedid, intitulé *Jamais seul*, des duos inédits et cinquante ans de tubes de Johnny. Mais le véritable enjeu est de montrer aux Français qu'après quasiment un an et demi d'absence de la scène depuis son coma en 2009, Johnny est toujours là, en forme et en voix.

Un groupe réduit par rapport au *Tour 66*, sans les cuivres mais toujours avec Philippe Uminski à la direction musicale, est envoyé à Los Angeles pour monter le show. Et l'incontournable « Gabrielle » est à nouveau au programme ! Dans l'émission, je la partagerai avec mon ancien élève à l'harmonica devenu le célèbre chanteur Christophe Maé…

Aujourd'hui, Johnny arrive au studio de mauvaise humeur.

– Ça ne va pas, Johnny ?
– Non, j'ai été recalé à mon permis moto.
– Mais tu ne l'avais pas déjà ?
– J'ai le français, mais ici je dois passer le permis américain.
– Qu'est-ce qui s'est passé, alors ?
– Ils m'ont fait faire des zigzags entre les plots, mais comme j'ai pris ma grosse Harley-Davidson, je ne pouvais pas tourner. Cet engin est impossible à manœuvrer. Pfff… Il faudra que j'y retourne avec une petite moto.

Ce n'est pas une légende, Johnny n'aime visiblement pas les « petites motos ». Il ne s'attarde pas plus longtemps. Ce jour-là, nous répéterons sans lui.

MARS 2011
6 DIMANCHE

17H PACIFIC PALISADES, LOS ANGELES

L'ascenseur

Je suis très impressionné de visiter la nouvelle maison de Johnny à Los Angeles. Surtout quand mon hôte propose de faire le guide. La maison est située dans le très chic quartier de Pacific Palisades, face à l'océan, entre Malibu et Santa Monica. Sa façade blanche se détache dans l'ombre des palmiers. Johnny me reçoit dans un joli jardin avec piscine. Puis on entre dans une vaste cuisine ouverte.

– Tu sais, Johnny, à la maison, c'est moi qui cuisine… Et toi ?

– Ah non, pas moi. Il faut que tu le saches, Greg, Laeticia est une véritable cheffe.

La déco est sobre et élégante. J'admire les splendides photos en noir et blanc de Johnny, Elvis ou Jimi Hendrix exposées sur les murs, certaines signées de la main du photographe. Après une visite à l'étage et au rez-de-chaussée, nous descendons par l'escalier jusqu'au sous-sol. Je découvre une petite salle de cinéma à l'ambiance cosy et surtout un garage contenant une collection d'improbables véhicules à deux, trois ou quatre roues, pour la plupart personnalisés Johnny Hallyday. Je me demande ce qu'il peut bien faire avec tous ces engins.

Au bout du couloir, Johnny s'arrête devant ce qui semble être une porte de placard.

– Viens, Greg ! On ne va pas se fatiguer…

Il ouvre la porte, et nous voilà serrés l'un contre l'autre dans un mini-ascenseur qui nous remonte lentement au rez-de-chaussée. Je ne peux pas m'empêcher de sourire car là, « rock'n'roll » n'est pas tout à fait l'adjectif adapté à la situation.

avant-scène théâtre

PIECE, UN DOSSIER, UNE ACTUALITÉ - BIMENSUEL - 1ER AOÛT 20[illegible] - N° 1305 - 12 €

E PARADIS SUR TERRE

TENNESSEE WILLIAMS

APTATION **JEAN-MICHEL DEPRATS**

SE EN SCENE **BERNARD MURAT**

OCTOBRE 2011
19 MERCREDI

★ ★ ★

21 h Théâtre Edouard-VII, Paris

Le paradis sur Terre

C'est la baby-sitter Maïlys qui garde nos filles, Marguerite, 2 ans et demi, et Nina, 1 an et demi, pendant qu'Elvire et moi allons au théâtre. Le comédien que nous sommes impatients de découvrir ce soir n'est autre que Johnny Hallyday. Il incarne un personnage complexe et tourmenté de Tennessee Williams dans la pièce *Le Paradis sur Terre*. Nous sommes assis au milieu d'un public où se côtoient les personnalités du show-business parisien et les fans de Johnny vêtus de blousons de cuir. Quelques-uns m'ont reconnu et font passer le mot que « l'harmoniciste de Johnny » est dans la salle.

Incarnant un personnage de métis, Johnny apparaît sur scène grimé, les cheveux teints en brun. Son jeu est sobre, authentique, sa voix est précise et captivante. Comme le suggérait la chanson de Michel Berger, Johnny possède ce « Quelque chose de Tennessee » qui lui va si bien. Mais comment réussit-il le tour de force de s'adapter à la rigueur du théâtre, à la fréquence des représentations, à la discipline des répliques ?

À l'issue de la représentation, Elvire et moi le retrouvons dans l'intimité de sa loge. Une photo d'Elvis est accrochée à son miroir. Une autre, de Laeticia, est posée à côté.

– Tu étais magnifique, Johnny ! Nous avons adoré la pièce.
– Merci, Greg. Je voulais te dire que je suis désolé de ne pas avoir réussi à enregistrer sur ton album. Je voulais vraiment le faire.
– Je sais à quel point c'était compliqué à mettre en place avec les maisons de disques...
– On n'a pas réussi en studio, mais on va le faire sur scène. Nous chanterons ta chanson en duo sur la prochaine tournée.

Greg Zlap 20 octobre 2011 01:09

À : Johnny Hallyday

Paradis sur Terre

Bonsoir Johnny,

Encore merci pour ce bout de paradis sur Terre que tu nous as offert ce soir. Elvire et moi avons passé une excellente soirée !

J'ai repensé à notre duo sur scène. Je t'envoie une chanson qui est aussi sur mon album, c'est l'histoire de 2 gars amoureux de la même fille, la tension monte sans cesse dans ce titre très rythmé ! Le bluesman anglais Ian Siegal dont je t'ai déjà parlé chante avec moi sur le disque et je trouve que ça fait un excellent morceau de scène. Ce « combat de coqs » joue aussi sur le contraste des timbres des voix, et avec ta voix ce serait carrément super ! Écoute la chanson et dis-moi ce que tu en penses,

Je t'embrasse, Greg

En pièce jointe : The Wind Is Rising.mp3

Johnny Hallyday 22 octobre 2011 02:38

À : Greg Zlap

Re : Paradis sur Terre

salut greg, je trouve ça très intéressant, pas mal du tout,
bises johnny

DÉCEMBRE 2011
3 SAMEDI

#72 Gabrielle

21H PREMIER ÉTAGE DE LA TOUR EIFFEL

L'autoportrait

Aujourd'hui, Johnny annonce son retour sur scène lors d'une conférence de presse organisée au premier étage de la tour Eiffel. Décidément, on ne fait rien à moitié avec Johnny Hallyday ! Dans son nouveau single, « Autoportrait », composé par John Mamann et sorti pour l'occasion, le chanteur se confie : « On m'a fait tant d'autoportraits qui me ressemblaient trait pour trait, j'avoue que je n'sais plus vraiment qui je suis, ni à quel moment. » Quel sera « l'autoportrait » de Johnny lors du *Jamais seul Tour* ?

Il y a du changement dans l'air ! Le Patron apparaît rasé de près, comme s'il voulait souligner sa détermination à rafraîchir son image. Son entourage change également. Après l'historique Jean-Claude Camus, Gilbert Coullier devient son nouveau producteur de scène. Le claviériste Philippe Saisse est présenté comme directeur musical de la tournée... le temps de la conférence. Il disparaîtra aussitôt en laissant sa place à Yarol Poupaud, décrit jusque-là comme « directeur musical de la rythmique ». L'ancien guitariste de FFF, rocker dans l'âme, se voit ainsi promu, du jour au lendemain, au prestigieux poste de directeur musical de Johnny.

À l'issue de la conférence de presse, nous entamons un mini-concert au sein d'un groupe dont les seuls rescapés du *Tour 66* sont Johan Dalgaard aux claviers et moi. Le chanteur est en pleine forme et de très bonne humeur. Au moment de monter sur scène, quelqu'un me pince les fesses. Je sursaute et me retourne en croyant que c'est une blague de l'un des musiciens. Mais non...

Je ne savais pas Johnny aussi taquin. En tout cas, il ne l'avait jamais été avec moi auparavant. À 69 ans, il ressemble à un gamin impatient de découvrir son nouveau jouet. La scène lui manquait tellement. Vivement la tournée !

Amphithéâtre de Vienne,
21 juillet 2016

2012

La mitaine

Mont pellier, 9 mai 2012

Jamais seul Tour : pass musicien et pass Stade de France

Roadbook : Stade de France, 15-17 juin 2012, première partie Louis Bertignac

JAMAIS SEUL TOUR

JOHNNY HALLYDAY

Yarol Poupaud : direction musicale, guitare électrique.
Robin Le Mesurier : guitare électrique, **Fred Jimenez :** basse,
Geoff Dugmore : batterie, **Greg Zlap :** harmonica, **Alain Lanty :** piano, claviers,
Frédéric Scamps : orgue, **Amy Keys :** chœurs, **Nayanna Holley :** chœurs,
Carmel Helene : chœurs
The Vine Street Horns : **Harry Kim :** arrangements des cuivres, trompette,
Andrew Lippman : trombone, **George Shelby :** saxophone ténor,
Charlie Peterson : saxophone baryton, trompette
Yvan Cassar : chef d'orchestre symphonique

Gabrielle n° 73	24/04/12	**LOS ANGELES (U.S.A.)**	Orpheum Théâtre	
Gabrielle n° 74	14/05/12	**MONTPELLIER**	Arena	
Gabrielle n° 75	15/05/12	**MONTPELLIER**	Arena	
Gabrielle n° 76	17/05/12	**MONTPELLIER**	Arena	
Gabrielle n° 77	18/05/12	**MONTPELLIER**	Arena	
Gabrielle n° 78	26/05/12	**NANCY**	Zénith Amphithéâtre	
Gabrielle n° 79	02/06/12	**GENÈVE (Suisse)**	Stade de la Praille	
Gabrielle n° 80	05/06/12	**SOCHAUX**	Stade Bonal	
Gabrielle n° 81	08/06/12	**ANVERS (Belgique)**	Palais des Sports	
Gabrielle n° 82	09/06/12	**ANVERS (Belgique)**	Palais des Sports	
Gabrielle n° 83	15/06/12	**PARIS**	Stade de France	
Gabrielle n° 84	16/06/12	**PARIS**	Stade de France	
Gabrielle n° 85	17/06/12	**PARIS**	Stade de France	
Gabrielle n° 86	22/06/12	**LYON**	Stade Gerland	
Gabrielle n° 87	26/06/12	**RUOMS**	Festival Aluna	
Gabrielle n° 88	29/06/12	**NICE**	Palais Nikaïa	
Gabrielle n° 89	30/06/12	**NICE**	Palais Nikaïa	
Gabrielle n° 90	03/07/12	**BORDEAUX**	Stade Chaban-Delmas	
Gabrielle n° 91	07/07/12	**NANTES**	Stade La Beaujoire	
Gabrielle n° 92	10/07/12	**QUÉBEC (Canada)**	Festival d'été	
~~**Gabrielle n° 93**~~	~~13/07/12~~	~~**LE MANS**~~	~~Stade MM Arena~~	**ANNULÉ pluie**
Gabrielle n° 94	19/07/12	**MONACO**	Sporting Monte-Carlo	
Gabrielle n° 95	20/07/12	**MONACO**	Sporting Monte-Carlo	
Gabrielle n° 96	21/07/12	**MONACO**	Sporting Monte-Carlo	
Gabrielle n° 97	26/07/12	**BRETIGNOLLES-SUR-MER**	Plein air	
Gabrielle n° 98	28/07/12	**OBJAT**	Plein air	
Gabrielle n° 99	30/07/12	**CARCASSONNE**	Théâtre de la Cité	
Gabrielle n° 100	31/07/12	**CARCASSONNE**	Théâtre de la Cité	
Gabrielle n° 101	03/08/12	**COLMAR**	Foire aux vins	
Gabrielle n° 102	04/10/12	**MONTRÉAL**	Centre Bell	
Gabrielle n° 103	05/10/12	**MONTRÉAL**	Centre Bell	
Gabrielle n° 104	07/10/12	**NEW YORK**	Beacon Theatre	
Gabrielle n° 105	11/10/12	**ÉPERNAY**	Le Millesium	
Gabrielle n° 106	13/10/12	**AMIENS**	Zénith	
Gabrielle n° 107	15/10/12	**LONDRES**	Royal Albert Hall	
Gabrielle n° 108	16/10/12	**LONDRES**	Royal Albert Hall	
Gabrielle n° 109	18/10/12	**ESCH ALZETTE (Luxembourg)**	RockHall	
Gabrielle n° 110	20/10/12	**LILLE**	Zénith Arena	
Gabrielle n° 111	21/10/12	**LILLE**	Zénith Arena	
Gabrielle n° 112	23/10/12	**ORLÉANS**	Zénith	
Gabrielle n° 113	27/10/12	**MOSCOU**	Kremlin Concert Hall	
Gabrielle n° 114	30/10/12	**TEL AVIV**	Nokia Arena	
Gabrielle n° 115	03/11/12	**BRUXELLES**	Forest National	
Gabrielle n° 116	06/11/12	**AMIENS**	Zénith	
Gabrielle n° 117	08/11/12	**ROUEN**	Zénith	
Gabrielle n° 118	11/11/12	**LIMOGES**	Zénith	
Gabrielle n° 119	13/11/12	**NANTES**	Zénith	
Gabrielle n° 120	15/11/12	**RENNES**	Musik Hall	
Gabrielle n° 121	17/11/12	**BREST**	Parc des expositions de Penfeld	
Gabrielle n° 122	20/11/12	**DIJON**	Zénith	
Gabrielle n° 123	22/11/12	**TOURS**	Parc des expositions	
Gabrielle n° 124	24/11/12	**CAEN**	Zénith	
Gabrielle n° 125	25/11/12	**CAEN**	Zénith	
Gabrielle n° 126	27/11/12	**STRASBOURG**	Zénith	
Gabrielle n° 127	29/11/12	**AMNÉVILLE**	Galaxie	
Gabrielle n° 128	01/12/12	**CLERMONT-FERRAND**	Zénith	
Gabrielle n° 129	03/12/12	**GENÈVE (Suisse)**	Arena	
Gabrielle n° 130	06/12/12	**SAINT-ÉTIENNE**	Zénith	
Gabrielle n° 131	08/12/12	**TOULON**	Zénith Oméga	
Gabrielle n° 132	11/12/12	**TOULOUSE**	Zénith	
Gabrielle n° 133	13/12/12	**ANGOULÊME**	Parc des Expositions	
Gabrielle n° 134	15/12/12	**PAU**	Zénith	
Gabrielle n° 135	18/12/12	**GRENOBLE**	Palais des Sports	
Gabrielle n° 136	20/12/12	**LYON**	Halle Tony-Garnier	
Gabrielle n° 137	22/12/12	**MARSEILLE**	Le Dôme	

Greg Zlap 26 mars 2012 18:41

À : Yarol Poupaud

Duo Greg/JH

Hello Yarol,

Voici le titre dont Johnny parlait. Peux-tu le lui faire réécouter ?
Il y a moyen de faire un truc sympa avec les cuivres là-dessus.
Dis-moi ce que tu en penses,
Bises, Greg

Greg Zlap 30 mars 2012 19:50

À : Johnny Hallyday

Duo Greg

Bonsoir Johnny,

Comme tu me l'as demandé tout à l'heure en studio, voici en pièce jointe le morceau « The Wind Is Rising » et les paroles en anglais pour le duo.

À ce soir au concert d'Amy !

Greg

The Wind Is Rising (Greg Zlap)

(Greg) Seven days since she's been gone
Seven days without a call
From my sorrow set me free
Baby, please come back to me
The wind is rising

(Johnny) Fourteen days since she's been gone
Fourteen days I'm so alone
Heaven help me save my soul
The Devil's waiting at my door
The wind is rising

(Greg)Thirty days since she's been gone
Thirty nights without a dawn
I can't get you off my mind
I can't close my eyes at night
The wind is rising

MARS 2012
LUNDI 26

16 H CENTER STAGING STUDIOS, LOS ANGELES

Guitares électriques

Lorsque Johnny me propose de repartir en tournée, je n'hésite pas à lui dire oui, une deuxième fois. Je fonctionne au challenge. J'ai hâte d'attaquer le duo qu'il m'a proposé de chanter avec lui, et j'ai plein d'idées pour développer encore le show. Sur le *Tour 66*, il a fallu prouver que mon harmonica pouvait insuffler une énergie rock. L'accueil du public était tel que l'image inattendue d'un harmoniciste rocker est devenue une évidence, et un atout pour le spectacle de Johnny.

Quand j'arrive en répétitions à Los Angeles, cela fait déjà trois semaines que le groupe prépare les morceaux. Les guitares dominent. « Le pénitencier », dont j'assurais l'intro, n'est plus dans la setlist, l'harmonica sur « Quelque chose de Tennessee » est écarté, jugé trop soft. Je réussis à sauver « La musique que j'aime » en écrivant un arrangement pour guitare et harmonica à l'unisson. Sur 24 titres, il y a quasiment autant de solos de guitare, parfois même plusieurs dans un seul morceau. À part l'intouchable « Gabrielle », le nouveau directeur musical, Yarol Poupaud, ne me confie que deux solos dans le show : « Né dans la rue » et « Dégage ».

Au lieu de progresser, j'ai l'impression de rétrograder. Je me sens tellement mis à l'écart dans la conception du show, que je n'ose même plus rappeler que nous devions préparer un duo avec Johnny. Mais le chanteur s'en charge lui-même.

– Yarol, il faudra qu'on répète aussi le duo avec Greg...
– On a encore du travail sur tes chansons à toi, Johnny.
– Mais tu as bien reçu le titre de Greg ?
– Je crois que j'ai vu passer quelque chose dans mes mails...

Malgré mes relances, mon duo avec Johnny ne sera jamais répété.

AVRIL 2012
7 SAMEDI

11H CENTER STAGING STUDIOS, LOS ANGELES

La setlist

On n'a jamais vraiment besoin d'un harmoniciste dans un groupe, ni d'un harmonica dans une chanson. J'ai pris l'habitude de créer mes parties, et de réfléchir à l'apport de chacune de mes interventions. Avec Johnny, j'ai toujours été libre de jouer comme je le sentais.

J'utilise les répétitions pour tester des idées sur quasiment tous les morceaux, pour finalement ne garder que les meilleures avant d'entrer sur scène. J'interviens parfois en soutien rythmique, d'autres fois en réponse aux cuivres ou en contre-chant, et je tente même des expérimentations plus osées en créant de nouvelles matières sonores à l'harmonica avec mes pédales d'effets.

Parfois, Johnny me pousse à développer mes improvisations, comme sur la chanson « Si j'étais un charpentier » : « Greg, je pense que tu peux trouver quelque chose de plus intéressant. Là, c'est un peu attendu... »

On répète toujours beaucoup plus de titres que ceux qui seront joués durant le concert. Après plusieurs semaines de travail, Yarol nous présente la setlist définitive prévue pour la tournée.

J'essaie alors d'imaginer le déroulement du spectacle. Je préfère me faire rare que de lasser le public. Je commence à barrer des chansons de la liste : exit « Deux étrangers » et « Rock'n'roll attitude ». J'hésite sur « Requiem pour un fou » où j'avais trouvé une partie d'harmonica intéressante, mais je décide de le barrer aussi. Au final, 10 chansons sur 24 finissent sacrifiées.

Je viens de m'exclure de la moitié du spectacle de Johnny...

SUR LA ROUTE AVEC JOHNNY

Los Angeles, 18 avril 2012

Ma setlist du concert
à l'Orpheum Theatre

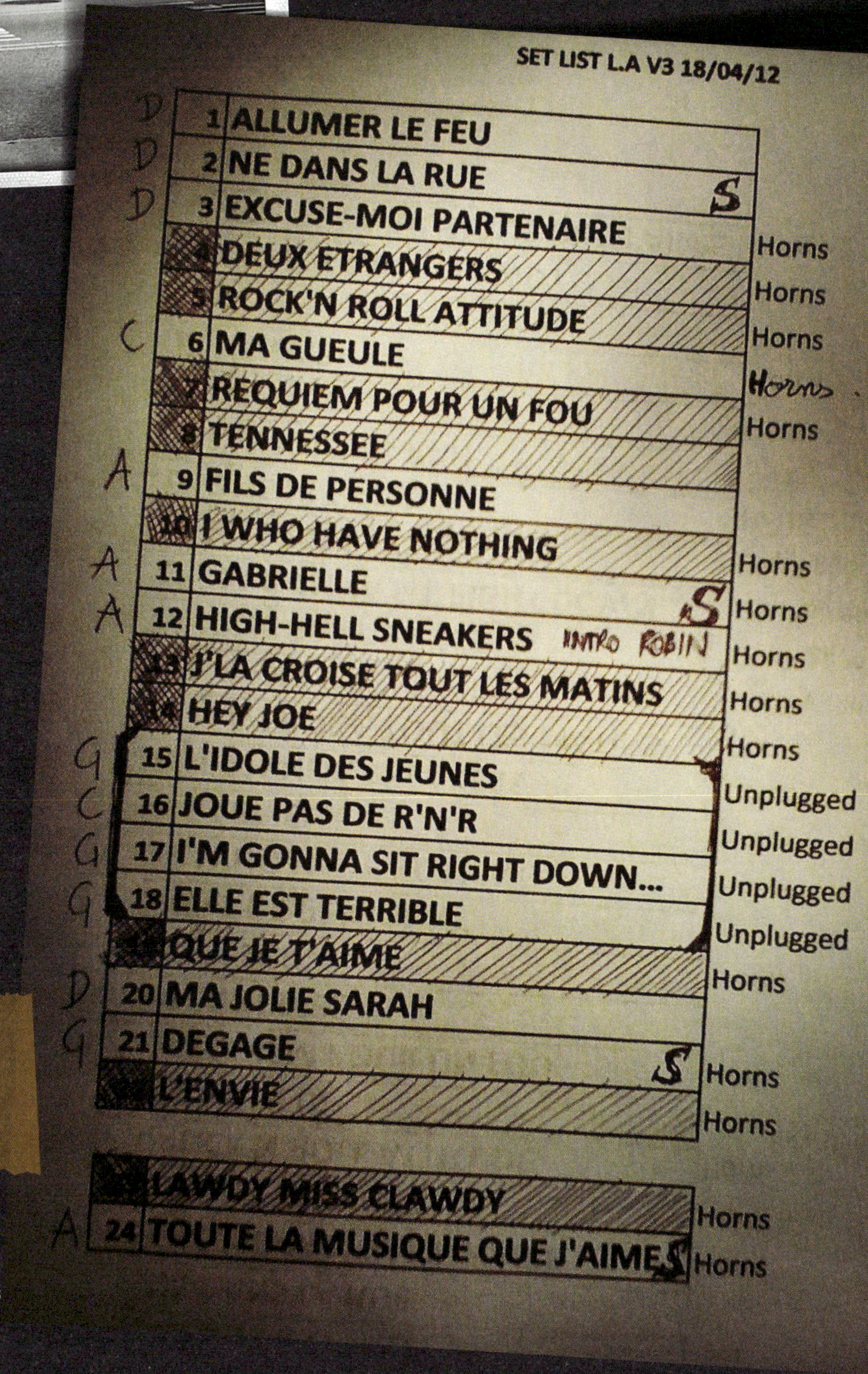

SET LIST L.A V3 18/04/12

D	1	ALLUMER LE FEU		
D	2	NE DANS LA RUE	S	
D	3	EXCUSE-MOI PARTENAIRE		Horns
	4	DEUX ETRANGERS		Horns
	5	ROCK'N ROLL ATTITUDE		Horns
C	6	MA GUEULE		Horns
	7	REQUIEM POUR UN FOU		Horns
	8	TENNESSEE		
A	9	FILS DE PERSONNE		
	10	I WHO HAVE NOTHING		Horns
A	11	GABRIELLE	S	Horns
A	12	HIGH-HELL SNEAKERS	INTRO ROBIN	Horns
	13	J'LA CROISE TOUT LES MATINS		Horns
	14	HEY JOE		Horns
G	15	L'IDOLE DES JEUNES		Unplugged
C	16	JOUE PAS DE R'N'R		Unplugged
G	17	I'M GONNA SIT RIGHT DOWN...		Unplugged
G	18	ELLE EST TERRIBLE		Unplugged
	19	QUE JE T'AIME		Horns
D	20	MA JOLIE SARAH		
G	21	DEGAGE	S	Horns
	22	L'ENVIE		Horns
	23	LAWDY MISS CLAWDY		Horns
A	24	TOUTE LA MUSIQUE QUE J'AIME	S	Horns

J'ai hachuré les titres
sur lesquels je sors
de scène.

À droite, mes solos sont
marqués avec un S.

À gauche, les lettres
A, C, D, G indiquent
la tonalité
de mon harmonica.

Philippe (Bastille Production) 5 avril 2012 05:03
À : Robin Le Mesurier
Cc : Greg Zlap, Geoff Dugmore, Alain Lanty, Amy Keys, Carmel Helene, Fréderic Scamps, Fred Jimenez
Tr : Laeticia and Johnny Hallyday's Easter Brunch

Prière de faire savoir à Maria Bermudez, l'assistante de Johnny, si vous pouvez être présent dimanche à ce brunch de Jour de Pâques.

Merci à tous,

Philippe

You Are Cordially Invited to
Laeticia and Johnny Hallyday's Easter Brunch
Sunday, April 8th 2012, 12:30 pm-6pm

Please RSVP as soon as possible

Les rebelles

Nous fêtons Pâques à Los Angeles. Le groupe est invité pour l'*easter brunch* chez Johnny et Laeticia, dans leur maison de Pacific Palisades.

Je connaissais déjà la maison, mais aujourd'hui elle est métamorphosée : il y a des ballons multicolores dans le jardin, des lapins géants, les tables sont dressées avec des bouquets de fleurs et des verres de limonade fraîche, il y a même un stand de hot-dogs végétariens ! C'est une magnifique réception pour les grands, et une superbe fête pour les petits, qui courent joyeusement autour de nous. Dans un coin du jardin, on trouve même un espace de jeux avec de vrais lapins que les bambins pourront emmener chez eux, si les parents sont d'accord, bien sûr. Délicate attention, mais merci pour le cadeau empoisonné !

Une animatrice vient de terminer un ravissant maquillage pour Jade, et Joy prend la suite. J'en profite pour me faire dessiner un faux tatouage sur le bras : une tête de mort, des harmonicas croisés et le credo *« blues forever »*.

– Quand vas-tu te décider pour un vrai tatouage, Greg ? J'ai un super tatoueur ici, à Los Angeles. C'est un véritable artiste. Tu veux son numéro ?

Je ne sais pas trop quoi répondre à Johnny... Il m'a déjà suggéré plusieurs fois de me faire tatouer. Heureusement, le guitariste Robin Le Mesurier vient à mon secours avec son humour anglais.

– Nous sommes les rebelles du groupe, Johnny ! Greg et moi, nous serons les seuls à ne pas avoir de tatouage.

Los Angeles, 8 avril 2012

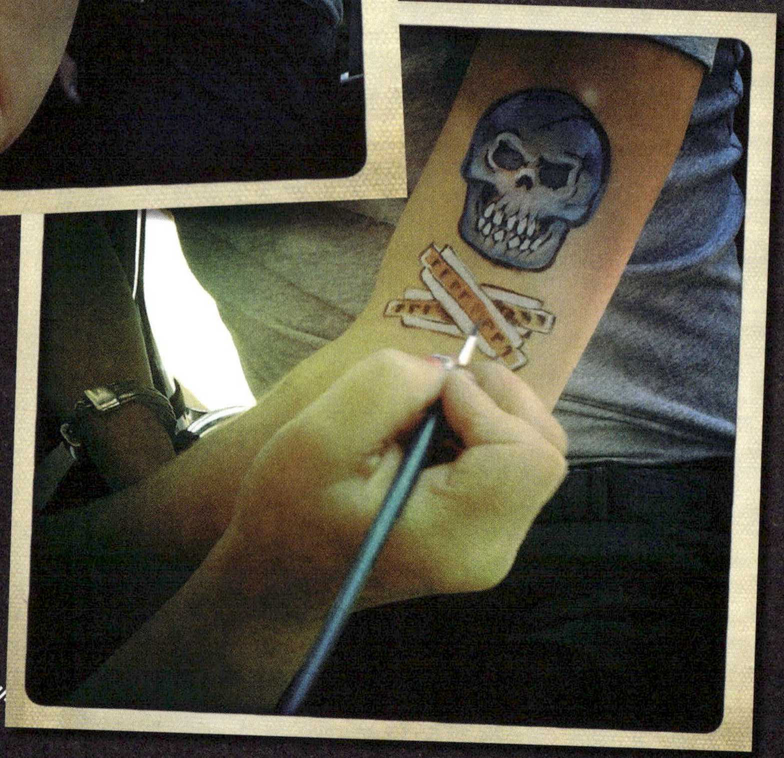

Séance de faux tatouages lors de l'Easter Brunch chez Johnny et Laeticia.

MAI 2012
JEUDI 10

11 H MONTPELLIER

Le nouveau groupe

J'ai reçu une convocation pour la promo télé de *The Voice* avec Johnny. Ce sera la présentation du nouveau groupe en direct à la télévision. L'équipe a beaucoup changé depuis le *Tour 66*, notamment la partie française qui a été entièrement renouvelée. Cela fait maintenant des mois que les fans s'interrogent sur l'identité des musiciens qui feront la tournée.

Nous poursuivons à présent nos répétitions à Montpellier. Marie-Pierre, la chargée de production, vient me voir, l'air inquiet.

– Greg, je suis désolée, apparemment tu ne vas pas sur le plateau de *The Voice*...
– Mais comment ça, Marie ? Tout le groupe y va !
– On me dit que tu ne joues pas sur « Requiem pour un fou ».
– Ce n'est pas un problème, ma partie est déjà prête. Je ne serai quand même pas le seul absent du groupe ?
– Ça, il faut que tu voies avec le directeur musical.

Je me mords les doigts d'avoir enlevé l'harmonica sur ce titre. J'en parle aussitôt à Yarol, mais il semble déterminé à rester sur sa position.

– Il n'y a pas d'harmonica sur ce titre en tournée, donc pour moi, à priori, c'est non. Mais si tu veux, demande au manager de Johnny...

Le nouveau manager, c'est Sébastien Farran. Il s'occupait précédemment de JoeyStarr, le rappeur indomptable du groupe NTM. Il deviendra par la suite le manager de Yarol Poupaud.

– Écoute, Greg, je ne suis pas là pour gérer les ego des mecs. Débrouillez-vous entre vous.

Mon cadeau pour
Elvire : une Fender
Stratocaster signée
par Johnny

Los Angeles, 26 mars et 2 avril 2012

Yarol Poupaud, Fred Jimenez,
Alain Lanty et Johnny
se penchent sur la setlist.

15 H STUDIO 217,
PLATEAU *THE VOICE*, LA PLAINE-SAINT-DENIS

MAI 2012
SAMEDI 12

Le clash

Johnny m'emmène à Paris en jet privé avec Yarol, Robin et le batteur Geoff Dugmore, mais je ne sais toujours pas si je fais *The Voice* avec eux. J'ai pris ma tenue de scène et mes harmonicas, on verra bien. Le jeudi, nous sommes allés, Yarol et moi, parler au Patron. Son avis était très clair.

– Johnny, veux-tu que je sois là avec toi pour l'émission ?
– Greg, tu es dans le groupe, tu viens, bien sûr.
– Même si en tournée on n'a pas prévu d'harmonica sur « Requiem » ?
– Tu joues ce que tu veux, comme d'habitude. Tu improvises.

Mais le vendredi, Yarol revient sur le sujet :

– Greg, le titre est déjà trop chargé pour y ajouter l'harmonica.
– Si c'est ça qui t'inquiète, ne branche pas mon micro. Tout ce que je demande, c'est d'être sur scène avec le groupe.
– Je vais y réfléchir, et je te dirai...

Nous sommes maintenant sur le plateau de *The Voice*. Dans l'effervescence habituelle des émissions de télévision, pendant que Johnny se prépare en loge, j'installe mes effets d'harmonica. Soudain Yarol se tourne vers moi et lève la voix, visiblement agacé.

– Qu'est-ce que tu fais encore là ? On avait dit pas d'harmonica !

Trop, c'est trop. Le sang me monte à la tête. Je ramasse mes affaires et je quitte le plateau. C'est terriblement humiliant d'être ainsi exclu du groupe. Mathieu le coiffeur me raisonne pour que je reste au moins saluer l'artiste quand il entrera sur scène. Pour moi, cet épisode est un cruel avertissement que rien n'est acquis, surtout pas ma place auprès de Johnny.

Équipe son : Olivier Lude,
Julien Vouillon,
Laurent Midas

Los Angeles, 5-18 avril 2012

MAI 2012
14 LUNDI

#74 Gabrielle

22 h Arena, Montpellier

La mitaine

Jamais seul Tour démarre. Johnny a un look « bad boy chic » signé Alexander McQueen : un ensemble tout en cuir noir qui n'est pas sans rappeler la tenue d'Elvis dans son mythique *'68 Comeback Special*.

Un détail attire mon attention. Sur sa main droite uniquement, il porte une mitaine décorée de brillants. Les mitaines font partie de ma tenue de scène depuis le *Tour 66*. C'est sûrement un hasard, mais je préfère le voir comme un signe.

Je constate avec fierté que le succès de la nouvelle version de « Gabrielle » avec l'harmonica lors du *Tour 66* n'est pas passé inaperçu auprès de la production. Dans les stands de merchandising, les casquettes et les tee-shirts sont siglés de l'emblème de « Gabrielle » : deux poings croisés, avec l'inscription « Tour 2012 ». On donne aussi à ce tube de Johnny une place stratégique dans la setlist du show, juste après le traditionnel morceau des musiciens pendant lequel l'artiste sort de scène et change de tenue.

L'entrée de « Gabrielle » est spectaculaire. Au son des guitares, une grande trappe s'ouvre au fond de la scène. Les fumigènes soufflent. Johnny apparaît dans un halo de lumière, une guitare pendue à son cou, pendant que deux gigantesques poings croisés descendent lentement derrière lui. Ces statues doivent bien mesurer 10 mètres de haut ! Johnny s'avance vers le micro. La foule est déjà en transe.

– J'aimerais vous parler d'une fille que vous connaissez tous. Vous la connaissez tous très bien. Vous voyez de qui je veux parler ?

Gabrielle #75

22H ARENA, MONTPELLIER

MAI 2012
MARDI 15

Les nuances

Vêtu d'un kilt et toujours de bonne humeur, l'excellent batteur écossais Geoff Dugmore partage avec moi son expérience du show.

– Sur les grandes scènes, les nuances ne passent pas. Tu dois toujours penser au côté visuel et pas seulement à la dimension musicale.

Je mémorise avec intérêt ses conseils. Traduire la musique à l'aide de mon corps est devenu ma préoccupation principale. Cela a changé définitivement ma manière d'être sur scène. Penser à ouvrir les yeux, à toujours garder le lien avec le public, accompagner les notes par un geste est désormais ma seconde nature. Sur scène, la moindre intervention doit apporter un plus au spectacle.

Sur « Gabrielle », mes déplacements et ceux de Johnny se coordonnent à l'instinct comme dans une chorégraphie. J'achève le solo sur une note aiguë interminable, jusqu'à l'épuisement. Je tombe à genoux, puis je bascule en arrière, mais je ne lâche pas la note. Johnny est penché sur moi avec sa guitare, il me regarde droit dans les yeux. Ce moment semble une éternité.

Mes poumons brûlent, mon cœur bat la chamade et du regard, je supplie le coup de grâce de Johnny qui va arrêter la note d'un geste de guitare victorieux. Le public se déchaîne. Le Patron affiche un large sourire.

– À l'harmonica, on l'appelle Greg Zlap !

Je suis anéanti sur les planches, haletant et à bout de souffle. Ça, c'est du rock'n'roll !

Montpellier, 7 mai 2012

Nancy, 26 mai 2012

Lucien « Luky » Vindras s'occupe des guitares de Robin et de Johnny.

Genève, 2 juin 2012

Stade de France, 14 juin 2012

Bordeaux, 3 juillet 2012

Québec, 10 juillet 2012

Anne Gravoin, à la tête de l'orchestre symphonique de 40 musiciens.

Bretignolles-sur-Mer, 26 juillet 2012

Montréal, 4 octobre 2012

JUIN 2012
2 SAMEDI

#79 Gabrielle

21H STADE DE PRAILLE, GENÈVE

Le son et l'image

Les gens pensent à Bob Dylan, Stevie Wonder, ou aux films de Sergio Leone quand on évoque l'harmonica. Peu de personnes connaissent l'étendue des possibilités qu'il offre.

S'il reste un instrument acoustique, l'harmonica bénéficie des avancées technologiques au même titre que la guitare ou la basse. Je joue sur un micro sans fil qui envoie le signal dans mes pédales d'effets, puis dans un ampli de guitare caché sous la scène. L'ampli est repris par un micro relié à la régie son qui le diffuse dans la salle. Lors du *Tour 66*, la mise au point de ce système nous a occupés plusieurs semaines avec l'ingénieur du son Michael Keating. Le son amplifié est tellement puissant qu'on a du mal à croire qu'il vient d'un harmonica. Dans les années 1960, les gens demandaient à Little Walter, le pionnier de l'harmonica amplifié, d'ouvrir ses mains pour en être convaincus.

Mais avez-vous remarqué qu'on dit toujours qu'« on va voir » un concert, et non pas qu'« on va écouter » un concert ? À l'échelle d'un stade, le public ne peut pas distinguer le minuscule instrument aussi bien que la batterie, les guitares ou les cuivres. Sans les écrans géants, impossible de savoir ce que fait le musicien qui s'agite à côté de Johnny. Ce musicien, c'est moi !

Sur la tournée actuelle, on me voit en gros plan pendant le solo de « Gabrielle », mais pour le reste du spectacle, je disparais des écrans qui montrent surtout les guitares. Le bassiste Fred Jimenez me racontera plus tard cette anecdote de notre concert à Moscou :

– La caméra me fixait pendant tout le show. Je me suis dit, cool, c'est moi la star ce soir ! Après le concert, le cadreur russe est venu s'excuser. Il avait la consigne de ne filmer que la guitare, il l'a confondue avec la basse...

La dolce vita

Johnny m'a invité à passer une journée sur son bateau. Il y habite durant notre séjour à Monaco, où nous nous produisons trois soirs consécutifs au très select Monte-Carlo Sporting Club. C'est le *farniente* : bains de mer et de soleil, des sorties en jet-ski, des conversations paresseuses avec Geoff et Robin, et même une séance de *Star Wars Episode I* avec Jade et Joy, dans le luxueux salon du bateau. Johnny nous a rejoints au saut du lit, vers 14 heures, pour le déjeuner servi à bord par le très professionnel équipage anglais. Après un plongeon, le chanteur en maillot de bain, pieds nus et cheveux mouillés, vient plaisanter avec nous.

– L'autre jour, je suis passé chez Gérard Séné et il m'a habillé de la tête aux pieds. Mes chaussures sont Gérard, mon pantalon c'est Gérard, ma veste c'est Gérard, même mon caleçon c'est Gérard !

– ...

– En fait, la seule chose qui ne soit pas Gérard, c'est moi, Johnny, dans mes vêtements !

Le soir, nous jouons devant un public attablé, très chic et en grande partie composé de résidents étrangers. Parmi les invités figure le prince Albert II de Monaco, le célèbre chanteur du groupe U2, Bono, et la belle-famille de David Hallyday, avec les petits-enfants de Johnny, Ilona, Emma et Cameron. Robin Le Mesurier me fait un signe.

– Ici, ils aiment le rock'n'roll. Viens, on monte sur les tables.

Pas très rassuré, je suis mon ami Robin en posant mes santiags sur les nappes blanches, non sans renverser quelques coupes de champagne au passage. Malgré le verre cassé, on reçoit une standing ovation. Robin avait raison : le public n'attendait que ça !

Monaco, 21 juillet 2012

Elle est pas belle, la vie ?

Une journée de détente avec Geoff et Robin sur le bateau de Johnny...

Yvan Cassar, arrangeur des parties orchestrales du spectacle de Johnny.

Montpellier, 10 mai 2012

Stade de France, 14 juin 2012

Colombes, 19 septembre 2012

Enregistrement à distance de « La femme aux cheveux longs » pour l'album L'Attente.

SEPTEMBRE 2012
19 MERCREDI

19h Studio Karism, Colombes

La cerise sur le gâteau

La rentrée de septembre est passée, *Jamais seul Tour* reprendra la semaine prochaine à Montréal après deux mois de pause estivale. Mais Johnny n'a pas chômé pendant les vacances ! J'apprends par la presse qu'il a profité de l'été pour enregistrer à Los Angeles un nouvel album réalisé par Yvan Cassar.

Je n'ai pas participé au précédent album du chanteur, *Jamais seul*, réalisé par Matthieu Chedid. Les musiciens qui enregistrent sur les disques ne sont pas toujours ceux de la tournée. Et puis, l'harmonica est souvent « la cerise sur le gâteau », l'instrument qui intervient après les autres, à la toute fin des sessions d'enregistrement, pour ajouter une dernière « couleur » à l'album.

Je suis soulagé quand Yvan m'appelle depuis le studio à Los Angeles.

– Salut Greg, j'ai pensé à toi pour l'album de Johnny. J'aurais besoin d'harmonica sur un titre.

Une séance d'enregistrement à distance est organisée entre le studio Karism, en banlieue parisienne, et Los Angeles. Il est 19 heures ici et 10 heures du matin là-bas. Un mug de café à la main, Yvan me dirige par Skype depuis l'écran d'un ordinateur portable. Je joue sur une seule chanson, « La femme aux cheveux longs », mais ces quelques notes d'harmonica suffisent pour me créditer en tant que musicien de l'album. C'était la touche finale. *L'Attente* sortira à peine deux mois plus tard.

Gabrielle #104

OCTOBRE 2012
DIMANCHE 7

21h Beacon Theatre, New York

Les loups de Wall Street

« Johnny Hallyday Tonight », annonce la devanture lumineuse sur 2124 Broadway. Après deux représentations au Centre Bell à Montréal, nous sommes aujourd'hui à New York pour un show au Beacon Theatre. Je suis impressionné de me retrouver dans cette ville unique, au milieu des gratte-ciel, et curieux de l'accueil que nous réservera le public ce soir. Pour la première fois de sa carrière, Johnny se produit à New York, c'est donc un événement à ne pas manquer pour nos compatriotes fans du rocker, qui vivent nombreux dans la Grosse Pomme.

Caché derrière les rideaux, je jette un coup d'œil discret à la salle qui est en train de se remplir. Ça va être plein. Un groupe animé attire mon attention : les filles sont résolument *hype*, les garçons en costard-cravate dernier cri ont le look de jeunes loups de Wall Street. S'il existait un profil type de fans de Johnny, ils ne l'auraient pas du tout. Ce sont certainement de jeunes « expats » français venus pour le « kif » de découvrir notre légende nationale dans un contexte insolite.

On démarre avec « Allumer le feu ». Je vois depuis la scène nos jeunes loups faire des selfies avec « Jojo » et plaisanter entre eux en se montrant les photos. Pendant les premières chansons, ils ne prêtent pas beaucoup d'attention au concert. Mais la voix de Johnny résonne avec puissance. Son regard laser balaie le public et touche un par un les résistants. Bientôt, tous sont avec lui et le théâtre vibre comme un seul corps. C'est un triomphe ! Imbattable sur scène, le chanteur réussit, comme toujours, à transcender tous les publics, toutes les générations.

Au fond de la salle, un vieil ami de Johnny contemple le spectacle. Jimmy Page, le légendaire guitariste de Led Zeppelin, faisait partie de notre public ce soir-là.

OCTOBRE 2012
15 LUNDI

#107 Gabrielle

20H ROYAL ALBERT HALL, LONDRES

Instinct animal

Royal Albert Hall. La vue est vertigineuse, l'acoustique parfaite. Un irréel banc de méduses pâles flotte sous le dôme au-dessus de nos têtes. Lors de la balance son, le Patron semble lui-même impressionné par cette salle qui a accueilli un grand nombre de concerts légendaires. Les Rolling Stones, Led Zeppelin, Jimi Hendrix et tant d'autres se sont produits ici avant lui. Maintenant, c'est à son tour, là encore pour la première fois.

Le public est assis dans les fauteuils de velours rouge, sauf un groupe qui se détache, debout au dixième rang. Je reconnais les « fans du premier rang », venus spécialement de France pour voir leur idole à Londres. Leurs visages se décomposent au fur et à mesure que le show avance. Seb et Thibault ont les larmes aux yeux. Tout ce chemin pour se retrouver au dixième rang d'une salle assise ? C'est impensable !

Mais Johnny est guidé par l'intuition, une espèce d'instinct animal qui lui fait sentir les choses. De manière complètement imprévue, il s'avance et descend dans le public en créant une émeute.

Il n'en faut pas plus pour que les fans se lancent sans hésiter, tête baissée, vers la scène. Comme dans un match de rugby, ils éjectent les agents de sécurité qui leur barrent la route. En quelques instants, les voilà au pied de la scène, et toute la salle se met debout. Le vrai show de Johnny Hallyday peut maintenant commencer.

Les Anglais viennent seulement de comprendre le phénomène. Pour le spectacle du lendemain, ils remplaceront les menus cordons de sécurité par des crash barrières en acier. Johnny aura eu raison du flegme britannique.

Londres, 15 octobre 2012

Royal Albert Hall

Frédéric Scamps

Robin Le Mesurier

Alain Lanty

Miroir, mon beau miroir, dis-moi
qui est le plus beau ?

OCTOBRE 2012
23 MARDI

#112 Gabrielle

20H Zénith, Orléans

Fille ou garçon ?

Si j'avais eu le choix, j'aurais préféré la veille ou le lendemain, mais pas aujourd'hui ! Pas le jour du concert ! Elvire va accoucher, les contractions sont bien là, à intervalles réguliers. Je la dépose en voiture à la maternité, puis je reprends la route en direction d'Orléans. Avec un peu de chance, le bébé attendra mon retour. Sinon, ce sera le deuxième accouchement sur trois auquel je n'aurai pas assisté à cause d'un concert. L'essentiel est que tout se passe bien.

Arrivé au Zénith d'Orléans, je mets en place un code avec les musiciens, au cas où le bébé naîtrait pendant le concert. Le signe « OK » comme en plongée sous-marine si c'est une fille, le pouce levé si c'est un garçon.

Pendant le show, je ne tiens pas en place. Je sors du Zénith entre les chansons pour consulter mes messages. Le réseau ne passe pas bien à l'intérieur. Ironie du sort, c'est entre « Né dans la rue » et « Fils de personne » que la nouvelle arrive ! Je remonte sur scène avec un grand sourire et je fais le signe convenu au groupe.

– Alors c'est un garçon. Félicitations, Greg ! me dit Johnny après le concert. Comment s'appelle-t-il ?

Mon fils s'appelle Gauthier. Quelque temps après la naissance, Elvire et moi avons reçu une adorable tenue pour le bébé de la part de Johnny et Laeticia. Le cadeau est accompagné d'un petit mot manuscrit, d'où s'échappe un lapsus révélateur…

« Bienvenue à toi, Gabriel, on t'aime. Johnny Hallyday »

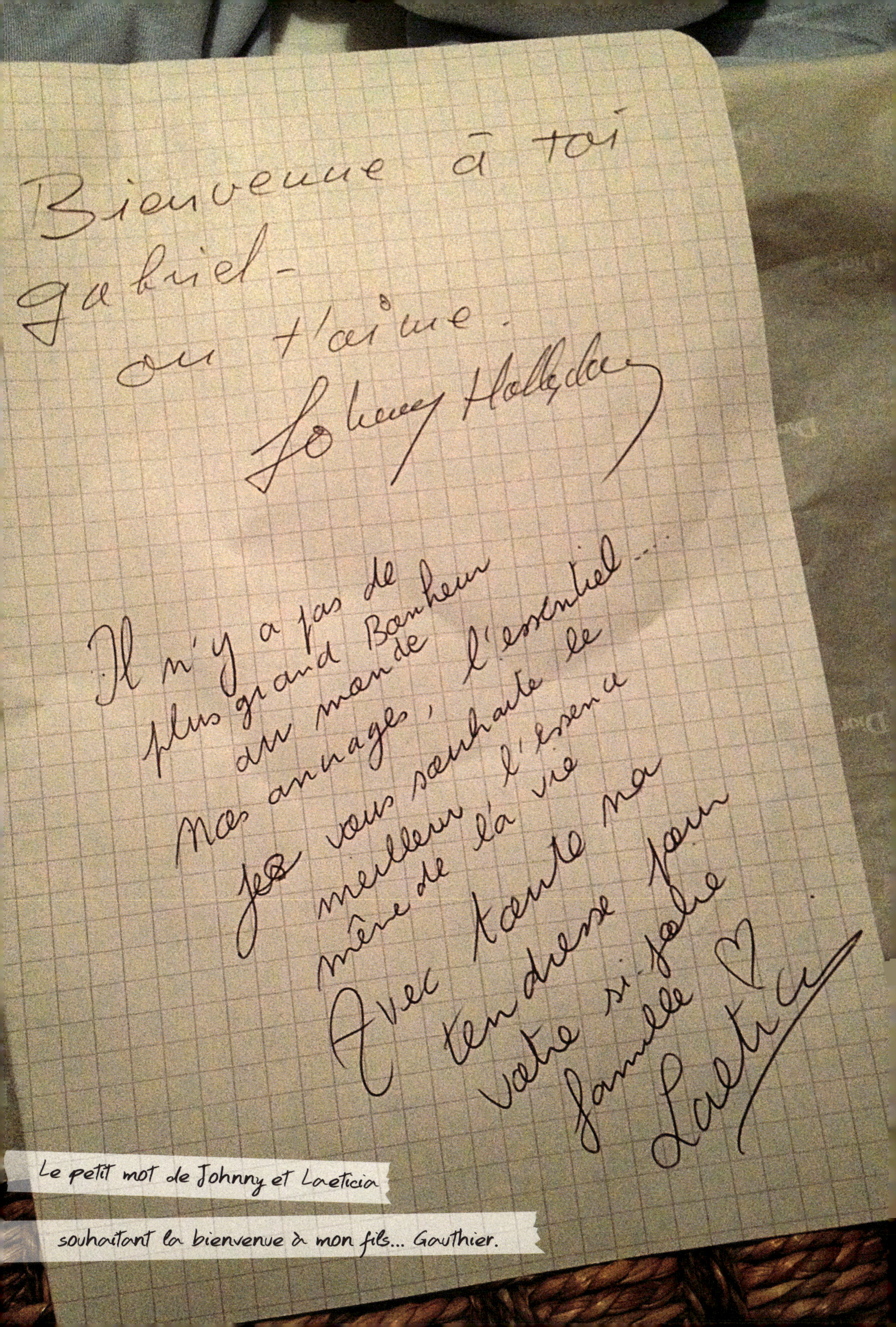

Le petit mot de Johnny et Laeticia souhaitant la bienvenue à mon fils... Gauthier.

Greg Zlap 24 octobre 2012 16:31

À : Johnny Hallyday, Laeticia Hallyday

Sous le signe du rock'n'roll

Entre « Je suis né dans la rue » et « Fils de personne » il y a un juste milieu !

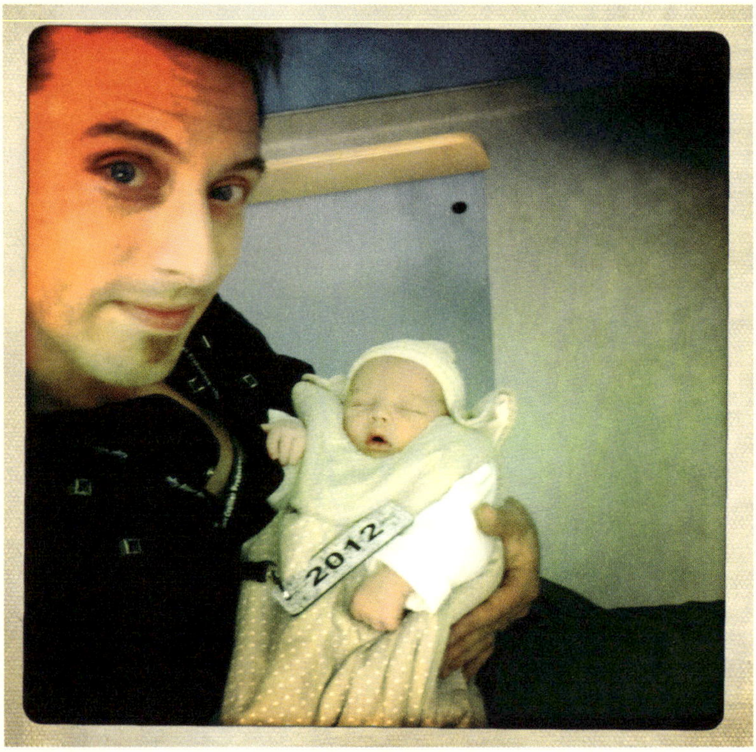

Gauthier, 54 cm, 3,93 kg, est né le 23 octobre à 20 h 30, sous le signe de la « rock'n'roll attitude ».

Je vous embrasse,

Rendez-vous à Moscou,

Greg

Johnny Hallyday 24 octobre 2012 18:05

À : Greg Zlap

Re : Sous le signe du rock'n'roll

Félicitations mon cher Greg ainsi qu'à la maman, et bienvenue à Gauthier.
Gros bisous Johnny et Laeticia

Moscou, 27 octobre 2012

Bons baisers du Kremlin!

OCTOBRE 2012
27 SAMEDI

#113 Gabrielle

20H Kremlin Concert Hall, Moscou

L'âme slave

Le Kremlin. Comment briser la glace de cette salle qui n'est pas conçue pour des concerts de rock ?

Devant la scène, un grand espace vide nous sépare de la première rangée de sièges, occupés par un public impassible. En face de moi, une femme en robe rouge magnifique fait une moue d'ennui et bâille avec ostentation.

Pas de crash barrières. La discipline règne, les agents de sécurité du Kremlin ne sont pas là pour plaisanter. Johnny semble furieux devant ce public qui peine à se lâcher.

À part deux personnes que j'ai reconnues dans la salle, les fans ne se sont pas déplacés dans la capitale russe pour ce concert unique. En revanche, l'organisateur, prévenant, a réuni spécialement pour l'occasion un fan-club motivé, certes, mais pas très crédible : un groupe de lycéens, tee-shirts de Johnny en guise d'uniforme et bouquets de fleurs à la main. On leur indique depuis un siège au bout de la rangée quand ils peuvent applaudir, se lever ou s'asseoir. Ce sont les mêmes qui ont accueilli Johnny à l'aéroport de Moscou-Cheremetievo.

À ma grande surprise, malgré cet accueil étrange, le public moscovite plébiscite le concert de Johnny lors du micro-trottoir réalisé par la télé locale à la sortie de la salle. Les commentaires sont dithyrambiques !

Mes souvenirs d'enfance en Pologne remontent à la surface. Si le régime communiste nous a appris à ne pas montrer nos sentiments, l'âme slave est toujours aussi ardente à l'intérieur.

Gabrielle #114

22H Nokia Arena, Tel Aviv

OCTOBRE 2012
MARDI 30

L'instant présent

Jérusalem. Marcher en silence dans les ruelles étroites de cette ville historique ressemble à une prière. J'ai l'impression de fouler les mêmes pavés que ceux sur lesquels Jésus posait les pieds il y a deux mille ans.

Nous ne sommes qu'à une heure de route de Tel Aviv. Avec le pianiste Alain Lanty, le claviériste Frédéric Scamps et la choriste Nayanna Holley, nous avons improvisé cette excursion en voiture avant le concert du soir. À l'entrée de la ville, nous croisons des soldats israéliens en tenue de combat, armés de mitraillettes Uzi. La tension est palpable, malgré l'air détaché des passants.

Coiffé d'une kippa distribuée à l'entrée du Kotel, je touche du bout des doigts une pierre du Mur des Lamentations. Entre la guerre, si proche, et la fraternité des peuples en ce lieu saint, c'est un sentiment indescriptible qui m'envahit.

Le soir, à Tel Aviv, nous démarrons le show dans une ambiance chaude et électrique. L'énergie bouillonnante de « Gabrielle » s'accorde parfaitement à celle du public. Johnny est accueilli avec une ferveur saisissante, comme s'il y avait une urgence de vivre intensément l'instant présent.

Jamais seul TOUR
Born Rocker TOUR
Born Rocker TOUR US
Vieilles Canailles BERCY
Rester vivant TOUR
Vieilles Canailles LA TOURNÉE
La Madeleine

Tel Aviv, 29 octobre 2012

Robin et Geoff
à l'aéroport Ben-Gourion.

Jérusalem, 30 octobre 2012

Alain Lanty salue
le Mur des Lamentations.

Excursion à Jérusalem avec Frédéric,
Nayanna et Alain.

SUR LA ROUTE AVEC JOHNNY

DÉCEMBRE 2012
20 JEUDI

#136 Gabrielle

22H HALLE TONY-GARNIER, LYON

Membre d'honneur

– Tu m'as fait peur, ce soir, Greg ! Je croyais que tu allais t'évanouir à la fin de ton solo... Il faut que tu me dises quand je dois faire le signe. Sinon, un jour, tu vas mourir sur scène ! À 41 ans, c'est un peu tôt, non ? plaisante Johnny.

– Ha ha ! Quand je te regarde avec les yeux injectés de sang et que je deviens tout rouge, là, c'est le moment de faire le signe !

Ce soir, mon fils Gauthier est dans mes bras. Il a presque deux mois, c'est le premier concert auquel il m'accompagne. On commence tôt dans la famille depuis que « papa joue avec Johnny ». Nous sommes tous les deux convoqués en grande pompe dans la loge des Vine Street Horns. Tous les cuivres sont réunis et Harry Kim entame son discours.

– Gritz, tu voulais faire partie de notre formation. Ton dossier d'admission vient de faire une avancée considérable.

Harry me tend un paquet. Avec beaucoup d'émotion, je découvre le certificat de membre des Vine Street Horns... établi au nom de mon fils !

– Quand Gauthier aura atteint l'âge de la majorité, il pourra plaider en ta faveur pour te faire entrer dans nos rangs.

En sortant de la réunion, nous croisons JoeyStarr. Avec une dent en or et une bouteille de vodka à la main, il se penche sur le nouveau membre des Vine Street Horns. Un peu inquiet d'une réaction inattendue de sa part, je constate que le rappeur est visiblement gaga devant les nourrissons.

– Areu-areu, t'es mignon, bébé !

Sur la route avec Johnny

Montpellier, 18 mai 2012

Mes filles Marguerite, 3 ans, et Nina, 2 ans, en coulisses.

Lyon, 20 décembre 2012

Bordeaux, 2 juin 2013

Dans les loges avec Gauthier, le nouveau membre des Vine Street Horns.

2013

Le bilan

Le Show Johnny, TF1

Paris, 21 mars 2011

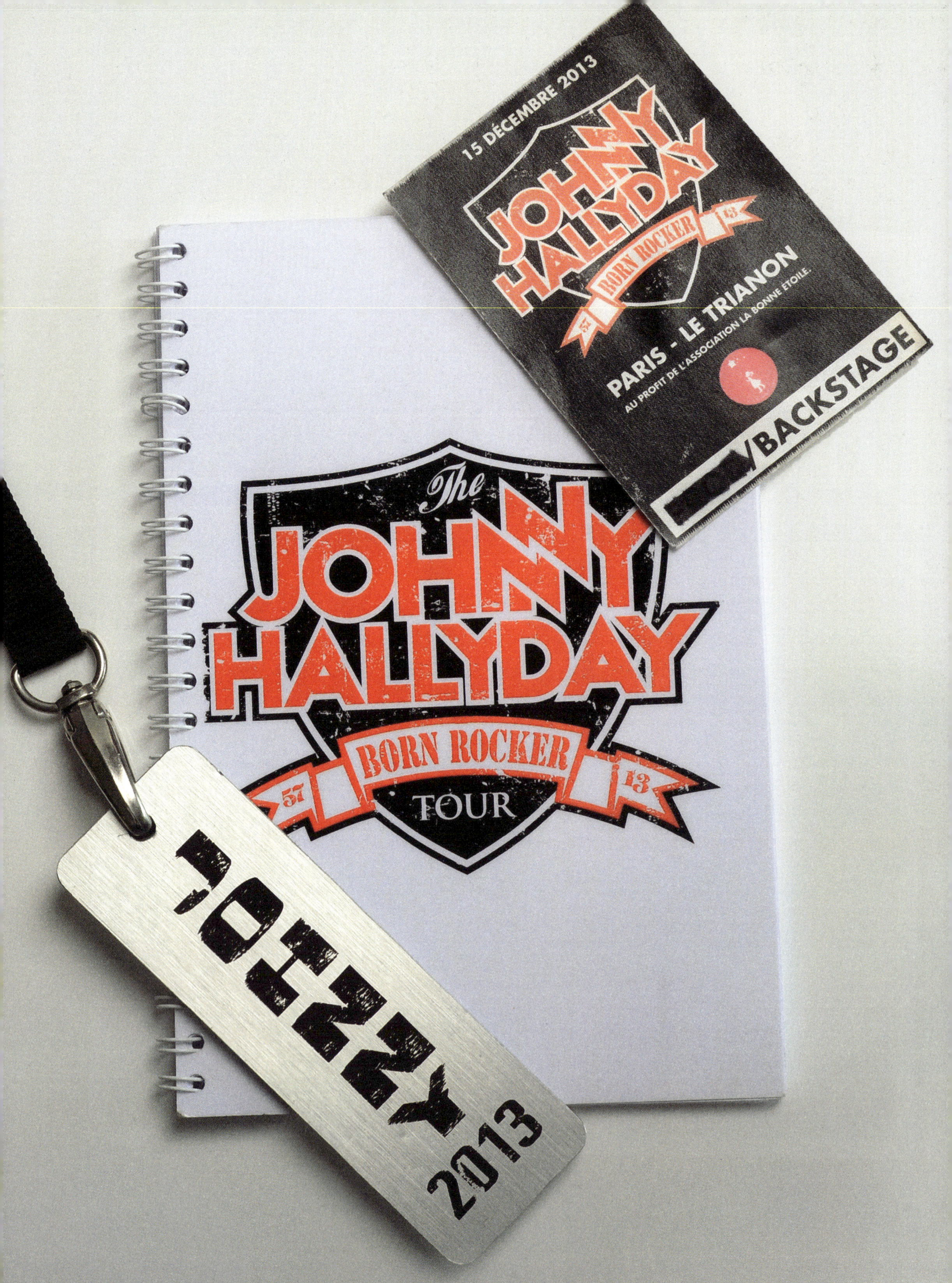

Born Rocker Tour : pass musicien, road book

Pass backstage : Le Trianon, 15 décembre 2013

BORN ROCKER TOUR

JOHNNY HALLYDAY

Yarol Poupaud : direction musicale, guitare
Robin Le Mesurier : guitare, **Fred Jimenez :** basse, **Geoff Dugmore :** batterie,
Greg Zlap : harmonica, **Alain Lanty :** piano, claviers, **Frédéric Scamps :** orgue,
Carmel Helene : chœurs, **Briana Lee :** chœurs, **Sy Smith :** chœurs

Au palais omnisports de Paris-Bercy :
Yvan Cassar : chef d'orchestre symphonique
The Vine Street Horns : **Harry Kim :** arrangements des cuivres, trompette,
Andrew Lippman : trombone, **George Shelby :** saxophone ténor,
Charlie Peterson : saxophone baryton, trompette

Gabrielle n° 138	02/06/13	**BORDEAUX**	Patinoire Mériadeck
Gabrielle n° 139	04/06/13	**PÉRIGUEUX**	Le Palio
Gabrielle n° 140	06/06/13	**DIJON**	Zénith
Gabrielle n° 141	08/06/13	**DOUAI**	Espace Gayant
Gabrielle n° 142	11/06/13	**LE MANS**	Antarès
Gabrielle n° 143	14/06/13	**PARIS**	Palais omnisports de Paris-Bercy
Gabrielle n° 144	15/06/13	**PARIS**	Palais omnisports de Paris-Bercy
Gabrielle n° 145	16/06/13	**PARIS**	Palais omnisports de Paris-Bercy
Gabrielle n° 146	18/06/13	**VIENNE**	Théâtre antique
Gabrielle n° 147	21/06/13	**ROUEN**	Zénith
Gabrielle n° 148	23/06/13	**NAMUR**	Esplanade de la citadelle
Gabrielle n° 149	25/06/13	**MONACO**	Sporting Monte-Carlo
Gabrielle n° 150	26/06/13	**MONACO**	Sporting Monte-Carlo
Gabrielle n° 151	27/06/13	**NÎMES**	Arènes

Date additionnelle

Gabrielle n° 152	15/12/13	**PARIS**	Le Trianon

Nîmes, 27 juin 2013

Johnny prend un cours d'harmonica
aux Arènes de Nîmes.

L'apprenti

C'est la dernière, ce soir. Les loges sont installées à l'extérieur, dans l'enceinte des arènes de Nîmes, à la façon d'un mini-village de mobile-homes. Je profite d'un moment de calme avant le concert pour offrir à Johnny un harmonica Hohner en cristal, gravé «Johnny Hallyday – Born Rocker». Je voulais un cadeau personnel pour ses 70 ans.

– C'est un modèle unique, pour ton anniversaire.

– Il est beau ! Tu vas m'apprendre à jouer alors ?

– Tout de suite si tu veux, Johnny.

– Il est en quel ton ?

– En do.

– J'ai toujours voulu jouer de l'harmonica, je n'y suis jamais arrivé. Si tu me montres, on pourrait peut-être faire quelque chose sur scène tous les deux ?

À ce moment-là, Laeticia arrive avec un plat de pâtes, mais Johnny l'arrête d'un geste de la main.

– Pas maintenant, Laeticia. Je mangerai tout à l'heure, et tant pis si c'est froid...

Je montre à Johnny les premières notes de «La musique que j'aime» : on aspire puis on souffle dans le trou numéro 2, ensuite on aspire dans le 1 et on termine en soufflant dans le 2. Johnny s'applique à l'exercice en suivant mes indications. Surprises par ce spectacle inhabituel, Jade et Joy observent le cours de leur père avec curiosité.

– C'est super, Papa !

– Vous êtes gentilles, mes chéries, mais je ne sais pas comment fait Greg. C'est drôlement difficile, son truc !

SEPTEMBRE 2013
9 LUNDI

17H MONTREUIL

Le bilan

Cela fait cinq mois que la tournée s'est achevée. J'ai tout donné sur « Gabrielle ». Avec Johnny, nous avons atteint les sommets de ce qu'on pouvait imaginer de plus explosif et spectaculaire sur ce titre.

Mais tout a une fin, même les moments les plus exaltants. J'ai besoin de refermer la parenthèse ouverte il y a cinq ans, de me recentrer sur mes projets. Mon dernier album, *Air*, date de 2011. J'ai à peine eu le temps de le jouer sur scène avec mon groupe. Depuis l'été dernier, je suis en studio pour composer et préparer de nouveaux titres.

Ces deux dernières années avec Johnny ont été éprouvantes. L'énergie du public et le sourire du Patron m'ont soutenu sans relâche. Mais il faut bien reconnaître que mis à part « Gabrielle », mes tentatives d'élargir mon apport au spectacle se sont soldées par des échecs. Si je venais en invité, juste pour jouer « Gabrielle », le show serait sensiblement le même.

Je ne sais pas comment annoncer cela à Johnny. Il m'a tant donné. Il m'a présenté à son public, m'a encouragé à développer mon jeu de scène, m'a montré tant d'affection. Mais continuer ainsi, sans perspective d'évolution, n'a pas de sens pour moi.

C'est à ce stade de mes réflexions qu'Elvire m'annonce la nouvelle :

– J'ai eu Sébastien Farran au téléphone. Johnny prépare une tournée américaine. Les dates sont regroupées sur un mois, en avril-mai prochain. Veux-tu partir ?

– Une tournée aux US ? Mais c'est le rêve américain ! Johnny est inconnu là-bas, il aura besoin de tous ses atouts pour convaincre. Bien sûr que je veux en être !

Paris, 16 juin 2013

En transe sur « Gabrielle » !

Paris-Bercy, 15 juin 2013

Paris-Bercy, 14 juin 2013

Johnny en répétition avec son fils, David.

Vienne, 18 juin 2013

Rouen, 21 juin 2013

Gabrielle #152

18h Le Trianon, Paris

DÉCEMBRE 2013
DIMANCHE 15

Crucified

L'inspiration m'est venue comme une évidence. J'ai composé une chanson pour Johnny : « Crucified », l'histoire d'un voyou qui prend la défense d'une femme et se retrouve condamné à mort. Le refrain dit que si c'était à refaire, il le referait. La mélodie du chant est soutenue par des riffs de guitare rock et l'harmonica. J'ai demandé à Amy Keys de me prêter main-forte pour les chœurs. Mon cœur bat très fort quand j'appuie sur la touche « envoi » de mon ordinateur.

En arrivant au Trianon pour le concert de ce soir, je croise Laeticia.

– Bravo pour ton morceau, Greg. Quelle pêche !

La porte de la loge de Johnny est ouverte. Le chanteur tape du pied, il a mis le volume à fond sur son téléphone.

– J'adore ton morceau, Greg. Wow ! C'est du bon rock'n'roll !

– Ah, génial ! Merci, Johnny. Il manque juste les paroles en français.

– Tu connais Miossec ? J'aime beaucoup son écriture. Il m'a déjà fait des chansons, tu devrais le contacter.

Après le show, Johnny m'emmène en backstage voir le directeur de la Warner, Thierry Chassagne, et son directeur artistique, Bertrand Lamblot.

– Greg m'a écrit une superbe chanson, j'aimerais qu'elle soit sur mon prochain album. Bertrand, tu peux t'en occuper ?

Je ne pouvais pas espérer un meilleur accueil. Si « Crucified » figure sur le nouvel album de Johnny, je serai le plus heureux des hommes. Croisons les doigts...

2014

Gabrielle, c'est fini !

Solo de « Gabrielle »

Paris, 28 novembre 2015

ROADBOOK

BORN ROCKER TOUR US

JOHNNY HALLYDAY

Yarol Poupaud : direction musicale, guitare
Robin Le Mesurier : guitare, **Fred Jimenez :** basse, **Geoff Dugmore :** batterie,
Greg Zlap : harmonica, **Alain Lanty :** piano, claviers, **Frédéric Scamps :** orgue,
Carmel Helene : chœurs, **Briana Lee :** chœurs

Gabrielle n° 153	24/04/14	**LOS ANGELES**	Fonda Theatre
Gabrielle n° 154	25/04/14	**SAN FRANCISCO**	Regency Ballroom
Gabrielle n° 155	27/04/14	**QUÉBEC**	Théâtre Capitole
Gabrielle n° 156	28/04/14	**TROIS-RIVIÈRES**	Salle J. Antonio Thompson
Gabrielle n° 157	29/04/14	**QUÉBEC**	Théâtre Capitole
Gabrielle n° 158	01/05/14	**TORONTO**	Danforth Music-Hall
Gabrielle n° 159	03/05/14	**MONTRÉAL**	Place des Arts
Gabrielle n° 160	06/05/14	**NEW YORK**	Beacon Theatre
Gabrielle n° 161	08/05/14	**WASHINGTON**	Lincoln Theatre
Gabrielle n° 162	10/05/14	**BOSTON**	Berklee Performance Center
Gabrielle n° 163	11/05/14	**MIAMI**	Jackie Gleason Theatre
Gabrielle n° 164	13/05/14	**LA NOUVELLE-ORLÉANS**	House of Blues
Gabrielle n° 165	14/05/14	**HOUSTON**	House of Blues
Gabrielle n° 166	15/05/14	**DALLAS**	House of Blues

Québec, 29 avril 2014

Johnny au Capitol, Born Rocker Tour U.S.

FÉVRIER 2014
JEUDI 27

13 H 30 LA GARENNE-COLOMBES

Je t'attendrai

Il y a encore quelques mois, j'étais ravi à l'idée d'accompagner Johnny pour sa première tournée américaine. Aujourd'hui j'hésite, je pense même y renoncer.

Je me trouve confronté à un terrible dilemme, car ma mère est tombée gravement malade. Elle est atteinte de la maladie de Charcot, comme le célèbre physicien britannique Stephen Hawking. Elle va perdre progressivement le contrôle de ses muscles, de la parole, de son appareil respiratoire… Cette maladie est incurable, on peut juste prier pour qu'elle progresse le plus lentement possible.

L'ambulance nous emmène à travers Paris vers la Maison des Parents, un établissement médicalisé dans le XIIIe arrondissement où ma mère va s'installer. Nous traversons les Champs-Élysées, la place de la Concorde, nous longeons les quais de Seine en face du musée d'Orsay et de l'île de la Cité avec Notre-Dame de Paris encore intacte. Ce que cette ville est belle !

– Maman, tu sais, Johnny m'a proposé de l'accompagner sur sa tournée en Amérique.
– C'est formidable ! Je suis tellement fière de toi.
– J'hésite à accepter. Je voudrais être près de toi. Tu ne peux plus marcher toute seule, je m'inquiète…
– Non, vas-y, ne t'en fais surtout pas pour moi. Elvire et mes petits-enfants me rendront visite, ça va passer vite.
– Un mois, c'est très long, Maman…
– Je t'attendrai.

Johnny Hallyday 13 avril 2014 8:35

À : Greg Zlap

The Voice

Je t'ai vu dans the voice ce soir, bravo tu étais super, j'ai hâte de te retrouver en tournée, je pense que tu arrives le 20 à LA ? À très vite alors, Johnny

Sent from my iPhone

Greg Zlap 13 avril 2014 14:36

À : Johnny Hallyday

Re : The Voice

Merci Johnny !
Oui, on se retrouve très bientôt pour l'aventure américaine, j'ai hâte !
Je t'embrasse, Greg

Gabrielle #153

20H Fonda Theatre, Los Angeles

AVRIL 2014
JEUDI 24

French Elvis

Le *Born Rocker Tour US* démarre à Los Angeles, au Fonda Theatre. Depuis le temps que Johnny rêve de cette tournée, c'est l'heure où le rêve et la réalité se rejoignent pour lui. Son immense popularité en France n'a qu'un faible écho ici, mais la conquête de l'Ouest a tout d'une aventure excitante !

Je me souviens d'une conversation avec la choriste Carmel Helene qui était loin d'imaginer le phénomène Johnny quand elle nous a rejoints sur le *Jamais seul Tour* en 2012. En France, elle s'en est vraiment rendu compte en voyant l'engouement populaire qu'il suscitait. Johnny chante en français. Comment sera-t-il reçu par un public anglophone ?

Dans le hall de l'hôtel, un groupe de musique pose ses bagages.

– D'où venez-vous ?
– D'Austin, Texas. Et vous ?
– De France, nous sommes en tournée avec Johnny Hallyday.
– Wow, la France ! Johnny… qui ?
– Johnny Hallyday, il est énorme en France, on l'appelle « The French Elvis ».
– Johnny Hallyday ? Je n'en ai jamais entendu parler. On peut le voir sur YouTube ?

Le soir, le Fonda Theatre est bondé. Je ne sais pas s'il y a beaucoup d'Américains dans le public, mais je reconnais les fans français « du premier rang ». Ça fait plaisir : décidément, le Patron pourra toujours compter sur son public. En prélude du concert, un film de présentation destiné aux Américains est projeté sur l'écran. La voix off est en anglais, les images montrent un condensé de l'incroyable carrière de notre Elvis français.

Los Angeles, 23 avril 2014

Los Angeles, 25 avril 2014

Québec, 27 avril 2014

Montréal, 3 mai 2014

Rencontre avec Lynda Lemay à Montréal.

Gabrielle #159

22 h 30 Salle Wilfried-Pelletier, Montréal

MAI 2014
SAMEDI 3

Le Bistro à Jojo

Montréal. Les gens sont incroyablement chaleureux au Québec ! Je me fais cette réflexion à chaque fois que je reviens ici. En plus, à part l'accent et les expressions locales, parfois déroutantes, il n'y a pas la barrière de la langue. Johnny est autant adulé ici qu'en France.

Après le concert, nous nous donnons rendez-vous avec quelques musiciens au bien nommé Bistro à Jojo. C'est un club incontournable à Montréal, avec de la bonne musique et de savoureuses bières. On y croise souvent d'excellents musiciens, comme l'harmoniciste déjanté Jim Zeller. La chanteuse Lynda Lemay est avec nous. Elle a assisté au show de Johnny et nous fait part de ses impressions avec son adorable accent québécois.

– Quand il m'a regardée, c'était fou. Tu as vu, Greg ? Il m'a donné sa serviette de scène, avec laquelle il s'est essuyé le front ! J'étais comme une gamine, Johnny m'a complètement bouleversée. Je suis fan, fan, fan !

Andrée Dupré et son *band* sont à l'affiche du Bistro à Jojo ce soir. Dans le groupe, je reconnais un ami guitariste, Jean Millaire, qui m'invite aussitôt sur scène. Je chante le blues « Long Distance Call » de Muddy Waters et j'improvise un solo d'harmonica comme un fou, encore sous l'emprise de l'énergie de scène de Johnny. Dans ce petit club de blues, je me sens comme chez moi. Lorsque je reviens à ma place, les copains sont bouche bée. Lynda ne m'avait jamais vu chanter. Yarol me montre du doigt, avec un air incrédule.

– Mais vous êtes combien, là-dedans ?

MAI 2014
5 LUNDI

16H NEW YORK

Comment allons-nous faire ?

Je flâne à Manhattan dans les rayons d'un grand magasin de jouets, près de Times Square, quand mon téléphone sonne. Le numéro s'affiche et je pressens immédiatement l'objet de l'appel. Je n'ai pas la force de décrocher. L'écoute du message confirme mon intuition et, chancelant, je me dirige vers la sortie. En bas de l'escalator, je tombe sur Laeticia, Jade et Joy.

– Ça va, Greg ?

– Non, Laeticia… ça ne va pas du tout. J'apprends à l'instant que ma mère vient de mourir.

Laeticia étouffe un cri et serre ses filles contre elle.

– Mais comment allons-nous faire ?

Je suis effondré. Ce matin encore, j'ai vu ma mère par Skype, dans le tour bus. Elle ne pouvait plus parler, ni sourire, mais ses yeux étaient remplis de tendresse. Je m'enfonce dans la foule new-yorkaise avec un sentiment de culpabilité. Je n'aurais jamais dû partir si loin. Pourquoi ne suis-je pas resté auprès d'elle à Paris ? À ce moment-là, Johnny m'appelle.

– Greg, j'ai appris pour ta maman. Je suis vraiment désolé. Comment allons-nous faire pour le show ?

– Je ne sais pas encore, mais il faudra que j'aille à l'enterrement…

– Tu sais, quand ma mère est morte, j'étais en tournée moi aussi, je n'ai pas pu être présent…

– Je trouverai une solution, Johnny.

– Organise-toi au mieux et tiens-moi au courant. Je t'embrasse.

Le lendemain, au Beacon Theatre, « Gabrielle » a un goût de larmes.

New York, 5 mai 2014

Au petit matin, notre tour bus arrive à New York.

Varsovie, 1978

Avec ma mère Elżbieta (25 avril 1943, Varsovie-5 mai 2014, Paris)

New York, 6 mai 2014

Johnny Hallyday au Beacon Theatre.

Décalage horaire

Robin Le Mesurier est un ami de Johnny et son guitariste fétiche depuis plus de vingt ans. C'est à lui que je me confie.

– Robin, si je me rends à l'enterrement, je manquerai des concerts...

– Ne t'en fais pas, vas-y, on va se débrouiller.

– Il faudrait peut-être que je me fasse remplacer ? Je connais Fred Yonnet, un super harmoniciste qui habite à Washington.

– Johnny ne voudra pas te remplacer.

– Je sens bien qu'il est inquiet pour le show. Si je le laisse tomber, j'ai peur de ne plus revenir dans le groupe...

– Oui, il est inquiet, c'est bien normal. Mais tu n'as rien à craindre, fais-lui confiance.

Nous sommes à Washington, au Lincoln Theatre. Après-demain, le samedi 10 avril, c'est l'enterrement de ma mère à Paris dans la matinée, et le concert a lieu le soir même, à Boston ! Le puzzle paraît impossible à assembler.

Sébastien Farran, le manager de Johnny, est désespérément injoignable. C'est Elvire qui trouve la solution et me procure les billets d'avion. La fenêtre de tir est très étroite mais, avec le décalage horaire, je devrais y arriver.

Je prends le vol Washington-Paris d'Air France le lendemain, vendredi à 16 h 15. J'arrive à Paris le samedi matin à 5 h 45. Après les obsèques, je saute dans l'avion à 16 h 45 pour atterrir à Boston à 18 h 25.

Il ne reste plus qu'à donner le plan de vol à la production.

MAI 2014
9 VENDREDI

11H WASHINGTON

Le plan B

Je ne prendrai pas de bagage en soute afin d'éviter l'attente à la sortie de l'avion, juste un petit sac et un harmonica pour jouer pendant la messe. Elvire m'attendra à Paris avec mon costume. Mes amis musiciens qui ne sont pas en tournée seront tous là pour me soutenir. Nous rendrons un dernier hommage à ma mère en musique. Au retour à Boston, un taxi me transférera de l'aéroport au Berklee Performance Center.

Elvire a enfin réussi à joindre Sébastien Farran.

– Elvire, ton mec est vraiment formidable.

– Il faudrait décaler le début du show et envisager de mettre «Gabrielle» plus loin dans la setlist.

– Oui, bien sûr. On peut démarrer vingt minutes plus tard. Pour la setlist, Yarol s'en occupe.

Il faut élaborer un plan B, au cas où j'arriverais en retard. Pour le directeur musical, il n'y a pas de problème fondamental : le groupe peut jouer sans l'harmonica. L'enjeu n'est pas aussi important ici qu'en France. Sur cette tournée, ce ne sont que des petites salles et clubs de blues. Si on enlevait «Gabrielle» de la setlist, cela passerait inaperçu.

Johnny est atterré : il n'est pas de cet avis. Il ne donnera pas un concert au rabais. Un show est un show, peu importe le lieu, ou la taille de la salle. Qu'il y ait 100 ou 100 000 personnes dans le public, il faut toujours donner le meilleur et le spectacle doit rester intact.

C'est l'un des plus grands enseignements que j'ai reçus de Johnny tout au long des tournées. Cette vision de la scène, je l'ai faite mienne. Il n'y a pas de plan B.

Gabrielle #162

19 h 40 Berklee Performance Center, Boston

MAI 2014
SAMEDI 10

La Terre promise

Il est 19 h 40, le spectacle commence dans vingt minutes. Quand je débarque au Berklee Performance Center, la tension est à son comble. J'entends la voix de Johnny qui gronde, menaçante comme un tonnerre. Il est furieux pour une histoire d'équipement lumière dans la salle. Sébastien Farran essaie en vain de le calmer.

– Je ne peux pas faire le show dans ces conditions !

– Je suis désolé, Johnny, c'était un vrai casse-tête pour le matériel...

– Mais qu'est-ce qu'ils s'imaginent ? C'est un spectacle de Johnny Hallyday ! Je ne suis pas un amateur !

J'entre dans les loges où je suis accueilli chaleureusement par les musiciens. Certains sont encore en train de s'habiller. Johnny se tourne vers moi, et m'adresse un large sourire.

– Ça va, Greg ? Pas trop fatigué ?

– Je me suis bien reposé dans l'avion.

– Merci pour ce que tu as fait. Je ne l'oublierai pas...

– Tu sais, la couronne de fleurs que Laeticia et toi avez fait livrer à l'enterrement m'a beaucoup touché.

Philippe Manœuvre, le journaliste et ex-rédacteur en chef de *Rock & Folk*, prend des notes dans son cahier. Il est avec nous sur les routes en tant que chroniqueur de cette mémorable tournée américaine, en vue de la rédaction d'un livre dont le titre est une ancienne chanson de Johnny, « La Terre promise ».

La Nouvelle-Orléans, 13 mai 2014

JOHNNY HALLYDAY BORN ROCKER TOUR

DALLAS
HOUSE OF BLUES
2200 N Lamar St, Dallas, TX 75202

Thursday
15
May

CREW INFORMATION

Get in :	**11h00**
Montage Light :	11H00
Montage Audio :	12H00
Balances :	**17H00 – 17H45**

Diner au restaurant de la salle.

Démontage :	23H00
Hôtel :	tba

BAND INFORMATION

Meeting hotel :	**4 :45 PM**
Soundcheck :	5.00 to 5.45 PM
Broadcast in bus :	6.00 to 7.00 pm
Doors :	8.00 PM
Show time :	**9.00 PM**
Diner	**at the venue**
Hotel :	**Joule http://www.the as.com/**

JOHNNY & LAETITIA
+ Philippe + Dimitri + Seb + Pascal
pick up hotel at 6.00 PM, transfert to the venue by bus

HOTEL : Joule http://www.thejouledallas.com/

Next day :

GOING HOME ! EVERYBODY WILL BE CRYING AT AIRPORT….

Dallas, la dernière feuille de route du Born Rocker Tour U.S.

Dallas, 15 mai 2014

Dans le tour bus avec Johnny

JUILLET 2014
18 VENDREDI

13 H SURESNES

Rester vivant

Le *Born Rocker Tour US* s'achève à peine que déjà Johnny entre en studio pour un nouvel album réalisé par Don Was, éminent producteur de Bob Dylan, des Rolling Stones et d'Iggy Pop. Pour moi, rien ne se passera comme d'habitude.

Je suis contacté par l'agent américain Philippe Rault, qui me propose des essais d'harmonica pour Don Was. J'en reste perplexe : je ne me vois pas passer des auditions au bout de sept ans de collaboration avec Johnny. L'audition n'a pas lieu, mais le directeur artistique de la Warner, Bertrand Lamblot, finit par m'appeler pour une séance à Paris. Je suis content de participer au projet. Ma chanson « Crucified » n'y figurera pas, mais au moins il y aura mon harmonica.

– Johnny a vraiment insisté pour que tu sois sur l'album. Toi, et Robin Le Mesurier.

Bertrand me fait écouter les chansons. J'enregistre sur « On s'habitue à tout », « Une lettre à l'enfant » et le titre phare du disque, le single « Rester vivant ».

– C'est la chanson composée par Yarol. Il a eu la chance d'avoir ce beau texte d'Isabelle Bernal.

À la fin de la séance, nous écoutons le résultat avec satisfaction.

– Bravo, Greg. Il n'y aura jamais eu autant d'harmonica sur un album de Johnny ! Tu pourras lui dire que ça s'est très bien passé.

Sans attendre, j'écris à Johnny pour le remercier et lui dire à quel point j'aime le son du disque. Don Was a fait un travail fantastique.

Greg Zlap 18 juillet 2014 20:10

À : Johnny Hallyday

Ton album !

Mon Cher Johnny,

J'étais en studio aujourd'hui pour ton disque. On était partis pour 2 titres et on en a enregistré finalement 3. C'est super !
Ça m'a donné l'occasion d'écouter ton nouveau son, c'est énorme, les chansons sont super et ta voix exceptionnelle, j'en suis resté scotché !
Ça va être un grand album, je suis très fier d'y avoir contribué avec mon harmonica. Merci d'avoir pensé à moi pour t'accompagner sur ce projet.
On se voit sur les Vieilles Canailles, j'ai hâte ! Passe de bonnes vacances,

Je t'embrasse,

Greg

19 juillet 2014 00:02

Johnny Hallyday

À : Greg Zlap

Re : Ton album !

Merci Greg, j'ai hâte d'y être à cette nouvelle tournée de 2015, 95 dates ça va être super, je suis à st Barth, tu peux m'appeler sur mon tél français si tu veux, bises Johnny

Les Vieilles Canailles : pass musicien et pass VIP

LES VIEILLES CANAILLES

EDDY MITCHELL / JOHNNY HALLYDAY / JACQUES DUTRONC

Michel Gaucher : direction musicale, arrangements, saxophone
Jean-Yves d'Angelo : piano, claviers, **Hervé Brault :** guitare, pedal steel guitar,
Fred Chapellier : guitares, **Basile Leroux :** guitares, **Yarol Poupaud :** guitare électrique,
Greg Zlap : harmonica, **Evert Verhees :** basse, **Christophe Deschamps :** batterie,
Fabrice Adam, Jacques Bessot, Yves Le Carboulec, Éric Mula : trompette,
Didier Havet, Michaël Joussein, Jean-Marc Welch : trombone,
Pierre d'Angelo, Thierry Farrugia, Hervé Meschinet,
Gilles Miton : saxophone

Gabrielle n° 167	05/11/14	**PARIS**	Palais omnisports de Paris-Bercy
Gabrielle n° 168	06/11/14	**PARIS**	Palais omnisports de Paris-Bercy
Gabrielle n° 169	07/11/14	**PARIS**	Palais omnisports de Paris-Bercy
Gabrielle n° 170	08/11/14	**PARIS**	Palais omnisports de Paris-Bercy
Gabrielle n° 171	09/11/14	**PARIS**	Palais omnisports de Paris-Bercy
Gabrielle n° 172	10/11/14	**PARIS**	Palais omnisports de Paris-Bercy

Bondy, 29 octobre 2014

Fred Chapellier

Jacques Dutronc

Johnny Hallyday

Eddy Mitchell

Répétitions des Vieilles Canailles
au studio Planet Live.

Les Vieilles Canailles

Quelle idée géniale de réunir les trois copains de la Trinité et monstres sacrés du rock français, Eddy Mitchell, Johnny Hallyday et Jacques Dutronc, à la manière du fameux « Rat Pack » mené autrefois par Frank Sinatra ! Amis certes, mais rivaux quand même. Il n'est pas question que l'un cède du terrain à l'autre. Quand l'heure du spectacle sonne, on se croirait dans un western de Sergio Leone.

Eddy Mitchell, fier et ténébreux, débarque avec sa cavalerie de *big band* cuivré, menée par son fidèle capitaine, Michel Gaucher, au saxophone. Michel sera le directeur musical du spectacle.

Jacques Dutronc, qui manie l'humour caustique comme une arme blanche, est épaulé par l'excellent Fred Chapellier à la guitare.

Johnny Hallyday, le puissant, vient avec sa garde rapprochée : Yarol Poupaud à la guitare, et moi, son homme à l'harmonica.

Le show répartit de manière équitable les répertoires et les apparitions de chaque artiste en solo, duo ou trio. Entre les morceaux, une ambiance amicale règne sur scène. Un bar y est installé, où les artistes et les musiciens peuvent se faire servir un verre, devenant à leur tour spectateurs le temps d'une chanson.

En plein concert, Eddy Mitchell a le malheur de venir près de moi pour écouter l'harmonica. Je lui réponds en jouant dans son oreille, mais j'aperçois le regard réprobateur de Johnny. Eddy le voit aussi et recule immédiatement. Par la suite, il évitera de trop s'approcher. Dans ce métier, l'amitié ne dispense pas de respecter certaines règles... On n'empiète pas sur la chasse gardée des autres. Le Patron, quant à lui, ne m'adressera plus un seul regard jusqu'à la fin du show.

Bondy, 28 octobre 2014

La section de cuivres

Basile Leroux

Jean-Yves d'Angelo

Yarol Poupaud

Michel Gaucher

Christophe Deschamps

Evert Verhees

Vieilles Canailles

Set-List V5

	C'EST POURTANT VRAI	Intro Musicale
1	LES PLAYBOYS	J.D+J.H+E.M
2	NOIR C'EST NOIR	J.D+J.H+E.M
3	C'EST UN ROCKER	J.D+J.H+E.M
	Talk	
4	LES CACTUS	J.H+E.M
5	L'OPPORTUNISTE	J.D
6	LA FILLE DU PÈRE NOEL	J.D
7	J'AI OUBLIE DE VIVRE	J.D+J.H
8	J'AIME LES FILLES	J.D+J.H+E.M
9	LE CIMETIERE DES ELEPHANTS	E.M
10	LECHE BOTTES BLUES	E.M
11	EXCUSE MOI	E.M+J.H
	Talk	
12	DEAD OR ALIVE	E.M+J.H
13	BE BOP A LULA	J.D+J.H+E.M
	Talk	
14	IL EST CINQ HEURES	J.D+E.M
15	COULEUR MENTHE A L'EAU	J.H+E.M
16	GABRIELLE	J.H
17	LE PENITENCIER	J.H
18	ON VEUT DES LEGENDES	J.D+J.H+E.M
	Talk	
19	TENNESSEE	J.D+J.H
20	VIEILLE CANAILLE	J.D+J.H+E.M
21	ET MOI ET MOI ET MOI	J.D+J.H+E.M
22	PAS DE BOOGIE WOOGIE	J.D+J.H+E.M
	Présentation des musiciens	Instrumental
23	TOUTE LA MUSIQUE	J.D+J.H+E.M

NOVEMBRE 2014
8 SAMEDI

#170 Gabrielle

22H30 PALAIS OMNISPORTS DE PARIS-BERCY

Les trois loges

En témoin privilégié des *Vieilles Canailles*, je peux constater à quel point Eddy, Johnny et Jacques sont proches, mais avec des personnalités radicalement différentes. La loge d'Eddy Mitchell est toujours vide. Eddy arrive au dernier moment avant le concert et part discrètement, dès sa sortie de scène. La loge de Johnny Hallyday est toujours inaccessible. Deux gardes du corps filtrent les invités qui font la queue devant la porte en attendant leur tour pour saluer l'idole. La loge de Jacques Dutronc est toujours ouverte. Jacques a placardé l'emblème de la bière corse *Pietra* sur sa porte. Il en a fait venir des caisses entières pour que tout le monde puisse se servir. Alors, les «after», ça se passe chez Jacques.

Je m'y dirige pour rejoindre les autres musiciens, quand j'aperçois une silhouette familière dans le couloir. Le célèbre compositeur de musiques de film, le maestro Vladimir Cosma, assistait au concert ce soir-là. Je suis habitué à le voir avec un orchestre symphonique, sa baguette de chef d'orchestre à la main. C'est amusant de le rencontrer dans une ambiance carrément plus rock'n'roll.

– Il faudra que je dise à Johnny que je vous ai eu dans mon orchestre avant lui. C'était moi, le premier!
– Qu'avez-vous pensé du show, Vladimir?
– Le placement vocal de Johnny est exceptionnel, comme celui du saxophoniste de jazz John Coltrane, légèrement devant le temps. C'est la signature rythmique des leaders!

Je ne connais que Vladimir Cosma pour proposer une analyse musicale aussi pointue de la performance vocale de Johnny. Le comparer à un grand musicien de jazz, c'est bien la première fois que j'entends ça! Je salue le maestro et je disparais dans la loge de Jacques Dutronc, où la fête bat son plein.

Yarol Poupaud et Fred Chapellier
dans notre loge à Bercy.

Paris, 11 novembre 2014

La section de cuivres
et Christophe Deschamps à la batterie.

NOVEMBRE 2014
10 LUNDI

#172 Gabrielle

22H PALAIS OMNISPORTS DE PARIS-BERCY

Les couloirs de Bercy

– Les gens parlent de toi après chaque concert, Greg. Je t'assure, c'est incroyable ! Depuis que je travaille avec Johnny, je n'ai jamais vu ça pour un musicien. Ce que tu fais sur « Gabrielle » est vraiment exceptionnel. Le Patron, ça lui fait du bien. Il dit de toi : « Ce petit me donne la pêche ! »

C'est Jimmy Reffas, le chef de la sécurité de Johnny, qui m'explique que pendant les concerts, il se mêle au public pour écouter ce que disent les gens. Johnny veut avoir des « oreilles » dans la salle.

Il est vrai qu'à chaque représentation des *Vieilles Canailles*, « Gabrielle » soulève Bercy. Le chanteur rayonne en voyant le public se lever et se précipiter vers la scène pendant le solo d'harmonica. Même si quelques spectateurs assis protestent depuis leur siège, la flamme se propage très vite dans la salle et le show, jusque-là plutôt maîtrisé, bascule dans le côté rock'n'roll qui rappelle l'ambiance des concerts de Johnny.

Ce soir, c'est la dernière des *Vieilles Canailles*. Je sors de scène, fier de ce que nous avons accompli. D'habitude, après le concert, tout le monde se détend, on se fait mutuellement des compliments. Mais pas ce soir...

Curieusement, aujourd'hui, dans les couloirs de Bercy, je ressens comme un malaise. L'entourage de Johnny ne me félicite pas. Cette indifférence contraste violemment avec l'euphorie de la scène. N'avons-nous pas vécu la même soirée ?

Visiblement, il se trame quelque chose en coulisses, dont je ne suis pas au courant...

Paris, 11 novembre 2014

Les couloirs de Bercy

NOVEMBRE 2014
11 MARDI

OOH30 RESTAURANT ACAJOU,
RUE JEAN DE LA FONTAINE, PARIS

Gabrielle, c'est fini !

Pour fêter la fin des *Vieilles Canailles*, Laeticia organise un dîner au restaurant de son ami, le jeune et talentueux chef Jean Imbert. Elvire et moi y allons directement après le concert, et parmi les convives, je remarque que je suis le seul musicien du groupe invité, à part Yarol, accompagné lui aussi de sa femme, Caroline.

L'heureux producteur et instigateur des *Vieilles Canailles*, Valéry Zeitoun, est aux anges. Le triomphe du show est une belle récompense pour lui ! Il ne tarit pas d'éloges sur ma prestation à l'harmonica.

Au cours du dîner, Johnny m'invite à m'asseoir à côté de lui.

– Tu as été formidable sur le spectacle des *Vieilles Canailles*.

– Merci de ta confiance, Johnny, c'était un privilège de vivre cette aventure avec toi, aux côtés d'Eddy et Jacques.

– Tu sais, Greg, on ne va plus jouer « Gabrielle ». On l'a beaucoup fait sur les dernières tournées...

– Ah !

– On trouvera une autre chanson pour ton solo.

– J'ai plein d'idées, on s'y met quand tu veux, Johnny.

Je n'ai pas encore décidé si je ferai la prochaine tournée, mais désormais une chose est sûre : la « Gabrielle » de ce soir était la dernière. Pour moi, c'est un inoubliable moment de complicité sur scène avec Johnny qui s'en va avec elle.

Et puis, il s'agit d'un tournant historique : après quasiment quatre décennies de bons et loyaux services, « Gabrielle » prend sa retraite.

DÉCEMBRE 2014
MERCREDI 10

18h Studio 217, La Plaine-Saint-Denis

L'effacé

La promotion de *Rester vivant* démarre sur les chapeaux de roues, immédiatement après les *Vieilles Canailles*. Il s'agit bien sûr du nouvel album de Johnny, auquel j'ai participé, mais aussi d'une énorme tournée de 95 dates, baptisée *Rester vivant Tour* et organisée par Décibels Production, qui commence l'année prochaine. Johnny m'en avait parlé l'été dernier, impatient de repartir à la rencontre du public.

Je suis très surpris quand ma participation à la promotion est annulée, *in extremis*. Sébastien Farran m'explique que « dans les titres choisis pour la promo, il n'y a pas d'harmonica ». Bizarre, j'avais pourtant enregistré sur le single « Rester vivant »...

Une seule promo télé est maintenue pour moi : la soirée événement de TF1, diffusée le 20 décembre, grâce à laquelle je retrouve avec plaisir Johnny et le groupe en répétition. Le chanteur se montre déterminé à défendre son album en live.

– Cette fois, en tournée, je veux vraiment qu'on joue les chansons du nouvel album et non pas toujours le même répertoire !

Rester vivant est sorti voici déjà plus de trois semaines, mais je ne l'ai pas encore écouté. D'habitude, peu avant la sortie d'un nouvel album, la maison de disques en offre un exemplaire à chacun des musiciens qui y figurent. Mon impatience grandissant, je finis par demander mon exemplaire à Bertrand Lamblot.

De retour chez moi, je mets le disque sur la platine. Je suis stupéfait, il n'y a pas une seule note d'harmonica ! Mon nom n'est mentionné nulle part. J'ai tout simplement été effacé. Mais pourquoi personne ne m'a prévenu ?

2015

Solidarnosc

Boulazac, 12 février 2016

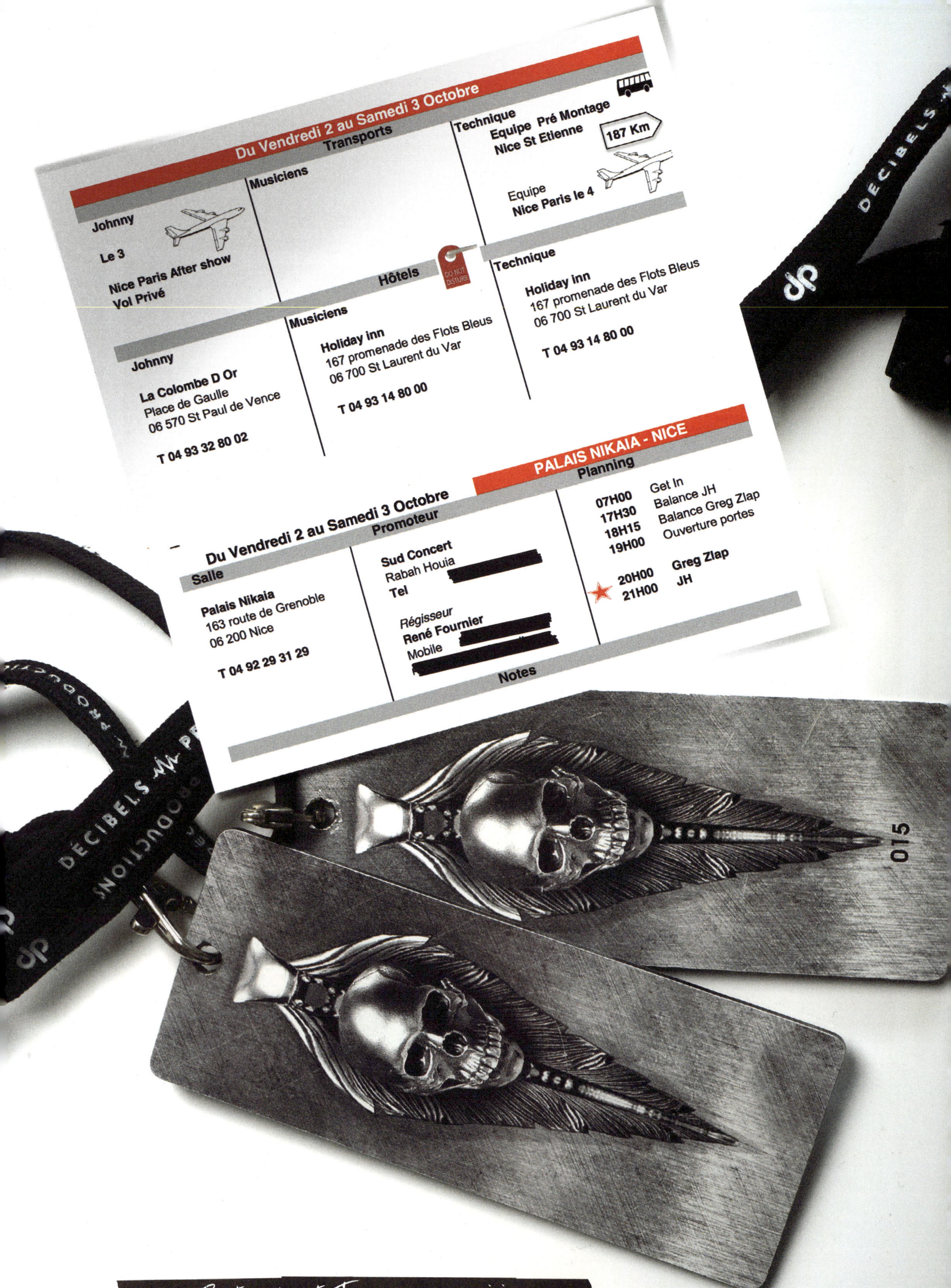

Rester vivant Tour : pass musicien

Roadbook : Nice, 2-3 octobre 2015, première partie Greg Zlap

RESTER VIVANT 2015

JOHNNY HALLYDAY

Yarol Poupaud : direction musicale, guitare, **Robin Le Mesurier :** guitare, **Philippe Almosnino :** guitare, **Laurent Vernerey :** basse, **Geoff Dugmore :** batterie, **Greg Zlap :** harmonica, **Alain Lanty :** piano, claviers, **Jean-Max Mery :** orgue, **Amy Keys :** chœurs, **Carmel Helene :** chœurs, **Éric Filey :** chœurs, **Stefan Filey :** chœurs, **David Mc Murray :** saxophone ténor, **Renaud Gensane :** trompette, **Thomas Henning :** trombone, **Allen Hoist :** saxophone baryton

Gabrielle n° 173	02/07/15	**NÎMES**	Arènes	
Gabrielle n° 174	03/07/15	**NÎMES**	Arènes	
Gabrielle n° 175	04/07/15	**AIX-LES-BAINS**	Esplanade du Lac	
Gabrielle n° 176	09/07/15	**JOUNIEH (Liban)**	Fouad Chehab Stadium	
Gabrielle n° 177	12/07/15	**LOUHANS-CUISEAUX**	Stade de Bram	
Gabrielle n° 178	14/07/15	**LA ROCHELLE**	Francofolies	
Gabrielle n° 179	16/07/15	**CARCASSONNE**	Hippodrome de la Fajeolle	
Gabrielle n° 180	17/07/15	**BIARRITZ**	Big Festival – stade Aguilera	
Gabrielle n° 181	23/07/15	**NYON (Suisse)**	40e Paléo Festival	
Gabrielle n° 182	28/07/15	**MONACO**	Sporting	
Gabrielle n° 183	29/07/15	**MONACO**	Sporting	
Gabrielle n° 184	02/10/15	**NICE**	Palais Nikaïa	1re partie : Greg Zlap
Gabrielle n° 185	03/10/15	**NICE**	Palais Nikaïa	1re partie : Greg Zlap
Gabrielle n° 186	06/10/15	**SAINT-ÉTIENNE**	Zénith	1re partie : Greg Zlap
Gabrielle n° 187	07/10/15	**SAINT-ÉTIENNE**	Zénith	1re partie : Greg Zlap
Gabrielle n° 188	09/10/15	**LILLE**	Stade Pierre-Mauroy	1re partie : Greg Zlap
Gabrielle n° 189	10/10/15	**LILLE**	Stade Pierre-Mauroy	1re partie : Greg Zlap
Gabrielle n° 190	13/10/15	**ORLÉANS**	Zénith	1re partie : Greg Zlap
Gabrielle n° 191	14/10/15	**ORLÉANS**	Zénith	1re partie : Greg Zlap
Gabrielle n° 192	16/10/15	**LIMOGES**	Zénith	1re partie : Greg Zlap
Gabrielle n° 193	17/10/15	**LIMOGES**	Zénith	1re partie : Greg Zlap
Gabrielle n° 194	20/10/15	**TOULOUSE**	Zénith	1re partie : Greg Zlap
Gabrielle n° 195	21/10/15	**TOULOUSE**	Zénith	1re partie : Greg Zlap
Gabrielle n° 196	27/10/15	**CLERMONT-FERRAND**	Zénith	1re partie : Greg Zlap
Gabrielle n° 197	28/10/15	**CLERMONT-FERRAND**	Zénith	1re partie : Greg Zlap
Gabrielle n° 198	30/10/15	**DIJON**	Zénith	1re partie : Greg Zlap
Gabrielle n° 199	31/10/15	**DIJON**	Zénith	1re partie : Greg Zlap
Gabrielle n° 200	02/11/15	**GENÈVE**	Arena	
Gabrielle n° 201	03/11/15	**GENÈVE**	Arena	
Gabrielle n° 202	04/11/15	**GENÈVE**	Arena	
Gabrielle n° 203	07/11/15	**LYON**	Halle Tony-Garnier	
Gabrielle n° 204	09/11/15	**LYON**	Halle Tony-Garnier	
Gabrielle n° 205	10/11/15	**LYON**	Halle Tony-Garnier	
Gabrielle n° 206	13/11/15	**STRASBOURG**	Zénith	
Gabrielle n° 207	14/11/15	**STRASBOURG**	Zénith	
Gabrielle n° 208	17/11/15	**METZ**	Galaxie	
Gabrielle n° 209	18/11/15	**METZ**	Galaxie	
Gabrielle n° 210	20/11/15	**BRUXELLES**	Palais 12	
~~**Gabrielle n° 211**~~	~~21/11/15~~	~~**BRUXELLES**~~	~~Palais 12~~	**ANNULÉ menaces attentats**
Gabrielle n° 212	22/11/15	**BRUXELLES**	Palais 12	
Gabrielle n° 213	27/11/15	**PARIS**	AccorHotels Arena	
Gabrielle n° 214	28/11/15	**PARIS**	AccorHotels Arena	
Gabrielle n° 215	29/11/15	**PARIS**	AccorHotels Arena	
Gabrielle n° 216	01/12/15	**CAEN**	Zénith	
Gabrielle n° 217	02/12/15	**CAEN**	Zénith	
Gabrielle n° 218	04/12/15	**ROUEN**	Zénith	
Gabrielle n° 219	05/12/15	**ROUEN**	Zénith	
Gabrielle n° 220	08/12/15	**NANTES**	Zénith	
Gabrielle n° 221	09/12/15	**NANTES**	Zénith	
Gabrielle n° 222	12/12/15	**NANTES**	Zénith	
Gabrielle n° 223	15/12/15	**AMIENS**	Zénith	
Gabrielle n° 224	16/12/15	**AMIENS**	Zénith	

Amiens, 16 décembre 2015

11H MONTREUIL

JANVIER 2015
MARDI 6

J'ai 44 ans

Depuis un mois, je ne cesse de tourner en rond. Aujourd'hui, c'est mon anniversaire. J'ai 44 ans. L'année 2014 a été particulièrement difficile pour moi et me laisse un goût amer. J'essaie d'assembler les pièces du puzzle pour comprendre ce qui s'est vraiment passé.

La mort de ma mère lors de la tournée américaine m'a fait comprendre les sacrifices qu'il faut être prêt à assumer quand on s'engage à partir sur les routes avec Johnny. Si j'ai réussi à ne manquer aucun concert, j'ai pris conscience du risque que j'ai fait courir au spectacle en allant à l'enterrement. Ce risque s'appelait « Gabrielle ». Sans elle, Johnny n'envisageait pas le show. Sans moi, il n'envisageait plus « Gabrielle ».

Quand Johnny décide d'arrêter de chanter « Gabrielle » après son triomphe aux *Vieilles Canailles,* c'est mon rôle dans le spectacle qui est remis en question. Même si Johnny me propose une autre chanson pour le solo d'harmonica, il me sera difficile voire impossible d'atteindre le niveau d'intensité que nous avons développé sur « Gabrielle » au fil des années. Cette magie-là est unique et Johnny le sait. Alors, pourquoi renonce-t-il à l'un des moments les plus forts du show ? Comment réagiront les fans ?

Ma disparition surprise de l'album *Rester vivant* est aussi incompréhensible. Soit mon travail est si peu considéré qu'on a jugé inutile de m'en informer, soit on a essayé de me cacher l'information. Dans les deux cas, c'est très inquiétant. Si Johnny ne m'a rien dit à ce sujet, il est possible qu'il ne soit pas au courant lui-même.

Ai-je suscité des jalousies ? Peut-être ai-je pris trop de place, trop près de lui ? Pour en avoir le cœur net, je décide d'appeler le Patron.

JANVIER 2015

11 DIMANCHE

19 H 30 MONTREUIL

Laisse-moi partir, Johnny

Je prends mon courage à deux mains et j'appelle Johnny. Il décroche immédiatement, sa voix est douce et bienveillante.

– Ça va, Greg ?

– Pas vraiment, Johnny. J'ai beaucoup réfléchi... Je pense que je ne devrais pas faire la prochaine tournée.

– ... Mais enfin, pourquoi tu dis ça ?

– Tu as une nouvelle équipe. C'est peut-être le bon moment pour repartir sans l'harmonica.

– Mais non, Greg ! Il faut que tu viennes avec nous sur cette tournée. Le public te veut, et moi aussi !

– Tu ne vas pas chanter « Gabrielle », il n'y aura plus autant besoin de moi pour le show. Et puis, tu voulais surtout jouer le nouvel album, mais je n'y figure pas... Il n'y a pas d'harmonica dans *Rester vivant*. Tout ce que j'ai enregistré est effacé. Je ne suis même pas crédité.

– ...

– J'ai écouté le disque en entier, visiblement l'harmonica n'a pas été retenu lors du dernier mixage...

– Ne t'inquiète pas, Greg, nous allons faire de nouveaux arrangements musicaux et tu auras ta place sur scène, crois-moi.

– Tu sais, on a énormément tourné ces dernières années. Je n'ai pas eu beaucoup de temps pour moi. Je travaille sur mon nouvel album, ça me tient à cœur. Je ne vois pas comment concilier ce projet avec une tournée de 95 dates...

Après un bref instant de silence, Johnny reprend, d'un ton grave :

– Greg, ne prends pas de décision trop hâtive, je te rappelle.

★ ★ ★

20 H 30 MONTREUIL

JANVIER 2015
DIMANCHE 11

Les managers

Je viens à peine de raccrocher avec Johnny : mes mains sont moites et tremblent encore d'émotion. Une heure après, le téléphone d'Elvire sonne. C'est le manager de Johnny, Sébastien Farran, dit « Terror Seb ».

– Salut Elvire, je viens d'avoir Johnny au téléphone, il est affolé ! Qu'est-ce que Greg lui a dit ? Pourquoi il ne veut pas faire la tournée ?

– Salut, Seb. Écoute, ça fait longtemps qu'ils tournent ensemble tous les deux, et Greg sent bien que depuis 2012 l'histoire s'écrit sans lui.

– Bon, ça ne me dérange pas qu'ils se parlent en direct, mais je crois que Greg n'a pas compris l'enjeu de la prochaine tournée. Peux-tu passer à mon bureau ?

Rendez-vous est pris chez Lickshot, à Paris, le 23 janvier. Sébastien présente à Elvire les images 3D du futur plateau, gigantesque, avec une énorme tête de mort qui descend sur scène, à la démesure de Johnny. Son avatar, jambes écartées, se campe face au public imaginaire. Je suis dessiné sur l'avancée de scène qui va dans la fosse. La discussion s'engage sur l'absence d'harmonica dans le dernier album – un simple choix artistique, selon Seb – et sur l'épisode « Crucified ».

– Oui, c'est dommage, ce n'était pas possible cette fois-ci... Mais on prendra une chanson de Greg sur le prochain album, c'est sûr !

C'est alors que Sébastien fait à Elvire une proposition inattendue :

– J'ai parlé à Johnny, il voudrait que Greg assure les premières parties de ses concerts sur cette tournée. Qu'en penses-tu ?

FÉVRIER 2015
17 MARDI

★ ★ ★

13H MONTREUIL

Ma chérie, c'est moi

C'est une chance inouïe pour un artiste de pouvoir présenter ses titres au public dès la sortie du disque. Dans mon cas, je bénéficierai en plus de la bénédiction de Johnny Hallyday, d'un public qui me connaît déjà – ce qui est rarement le cas en première partie – et de conditions techniques incroyables. Je vais pouvoir présenter mon propre show dans les plus grandes salles de France !

Johnny a avancé de son côté sur l'idée de la chanson qui succédera à « Gabrielle » lors du *Rester vivant Tour*. Je suis chez moi avec les enfants quand mon téléphone se met à vibrer et que le nom « Johnny Hallyday » apparaît à l'écran. Je m'isole dans la première pièce que je trouve : la salle de bains.

– Salut, Greg, c'est Johnny. J'ai pensé à un morceau pour remplacer « Gabrielle ». Tu connais « Ma chérie, c'est moi » ?

– Euh, non, je ne crois pas...

– C'est un vieux titre que je chantais sur l'album *Rock à Memphis* en 1975. Ça fait comme ça : « Si quelqu'un frappe à ta porte à minuit, si ton téléphone sonne toute la nuit, ma chérie, c'est moi, et j'ai besoin d'amour... »

Suis-je en train de rêver ou Johnny Hallyday en personne me chante une chanson au téléphone ? Ça me met de bonne humeur pour le reste de la journée et je commence à réfléchir à mon nouveau solo d'harmonica... sur « Ma chérie, c'est moi ».

Greg Zlap 18 février 2015 11:25

À : Johnny Hallyday

Ma chérie, c'est moi

Mon cher Johnny,

Je viens d'écouter « Ma chérie, c'est moi ». C'est une super idée, ça envoie ! Je me mets là-dessus pour trouver un solo qui fera lever le public et je cherche des idées d'interaction avec toi pour faire un bon show.

Je t'embrasse,

Greg

L'affiche de mes concerts en première partie de Johnny Hallyday, en 2015. La photo est signée Stéphane de Bourgies.

MAI 2015
MARDI 26

12h Montreuil

Solidarnosc

La course contre la montre commence aujourd'hui. Il me reste quarante jours pour atteindre mon objectif : financer l'enregistrement de mon nouvel album, qui doit être prêt avant le lancement de la tournée en première partie de Johnny Hallyday. La nouvelle est encore tenue secrète…

L'organisation d'une tournée demande un investissement important. La production d'un disque, tout autant. Seul, je n'arriverai pas à assumer les deux. Je décide donc de faire appel au public en lançant une collecte de fonds sur la plate-forme KissKissBankBank.

Dès les premières heures, un élan d'enthousiasme et de solidarité se manifeste sur la page dédiée au projet. Les dons affluent, accompagnés de messages d'encouragement et de soutien. Je me rends à l'évidence : un public fidèle m'accompagne. Parmi les donateurs, je découvre une importante communauté de fans de Johnny qui m'ont vu sur ses tournées et me suivent depuis des années.

Les grands défis s'accompagnent de prises de risque. Lors de mes concerts, je m'adresserai au public de Johnny, je chanterai en français. Là aussi, j'aurai besoin d'aide. Je frappe à la porte du célèbre parolier Didier Barbelivien, qui accepte avec bienveillance de m'épauler dans l'écriture des textes. Le grand photographe Stéphane de Bourgies m'offre un magnifique portrait pour la pochette du disque. Difficile d'être mieux entouré !

En dix jours seulement, grâce à la participation massive du public, nous avons atteint 100 % de l'objectif, et à la fin de la collecte nous dépasserons les 160 % ! En signe de ma profonde reconnaissance, l'album s'intitulera *Solidarnosc*, mot polonais hautement symbolique qui signifie « solidarité ».

Rester vivant TOUR
Vieilles Canailles LA TOURNÉE
La Madeleine

SUR LA ROUTE AVEC JOHNNY

JUIN 2015
12 VENDREDI

16H CENTER STAGING STUDIOS, LOS ANGELES

Le retour de Gabrielle

Quel plaisir de retrouver Los Angeles, ma chambre d'hôtel au Sheraton Universal, et le studio de répétition Center Staging ! Le groupe de Johnny a beaucoup changé. Les Vine Street Horns sont remplacés par la section de cuivres qui accompagnait Christophe Maé sur sa dernière tournée : Renaud Gensane à la trompette, Allen Hoist au sax baryton et Thomas Henning au trombone. La formation est renforcée par le formidable saxophoniste Dave McMurray. Avec les fidèles Amy Keys et Robin Le Mesurier, je fais désormais partie des vétérans.

Le groupe a déjà bien avancé sur le répertoire. À ma grande surprise, « Gabrielle » en fait partie. Dans les nouveaux arrangements, le solo d'harmonica est remplacé par un passage rythmique de guitares. Comme il est convenu que je ne joue plus « Gabrielle », je prends l'habitude de sortir du studio pendant que les autres travaillent sur la chanson. La semaine passe ainsi, jusqu'au jour où ma pause-café est interrompue par l'irruption affolée du technicien son, Ronan Cassar.

– Greg ! Vite, Johnny t'appelle !

Dans le studio, la répétition est arrêtée. Johnny attend mon arrivée.

– Ah te voilà, Greg. Je te cherchais. Décidément, l'harmonica me manque sur « Gabrielle ». Tu veux bien jouer un solo, mais différent... pour changer ?

Je n'en crois pas mes oreilles, mais je sens aussi que je n'aurai pas de seconde chance si je n'arrive pas à convaincre Johnny du premier coup. Je lui demande de me laisser jusqu'au lendemain pour préparer mon solo. Quel incroyable renversement de situation ! Nous n'aurons finalement jamais joué « Ma chérie, c'est moi »... et « Gabrielle » effectue son grand retour.

15h Center Staging Studios, Los Angeles

JUIN 2015
SAMEDI 13

Sans filet

Je n'ai pas fermé l'œil de la nuit. Johnny m'a demandé de réinventer le solo de « Gabrielle », mais comment faire mieux ? Plus fort ? Plus rapide ? Plus mélodique ? Seul dans ma chambre d'hôtel, assis sur le lit, je regarde l'harmonica posé sur la table de chevet, comme s'il pouvait me répondre. J'arrive à conclusion que je ne pourrai pas faire plus. Mais alors, pourquoi ne pas faire moins ? Simplifier, élaguer, aller à l'essentiel… Le rythme ! C'est ça, la clé… Ce battement ancestral est le cœur de la musique. Une idée un peu folle commence à germer… J'attrape mon harmonica et je commence à jouer. L'après-midi même, j'explique mon idée au groupe, pendant que Johnny attend patiemment, assis sur son tabouret haut.

– Vous commencerez sans moi. Je ne monterai sur scène qu'au moment du solo. On démarre avec huit mesures d'intro de cuivres et tout le monde s'arrête. L'harmonica reste seul.

– Je garde quand même la grosse caisse ?

– Non, Geoff, surtout pas ! Il faut vraiment que je sois en danger, sans filet. C'est comme un grand saut dans le vide.

Le groupe a l'air sceptique, mais on fait un essai quand même. Après mon solo, un grand silence s'abat sur le studio. Tout le monde se tourne vers le Patron. Grand moment de solitude.

– Euh… Là, évidemment, ça fait un peu vide, mais Johnny, avec le public je suis persuadé que ça marchera.

– On fera comme tu le proposes. C'est bien, ton intro de cuivres !

Je me rends compte que je viens de me mettre une énorme responsabilité sur les épaules. Maintenant, tout dépend de la réaction du public… Mais qu'est-ce qui m'a pris ?

Los Angeles, 17-20 juin 2015

Yarol Poupaud

Robin Le Mesurier

Laurent Vernerey

Geoff Dugmore

Jean-Max Mery

Alain Lanty et Philippe Almosnino

Carmel Helene

Amy Keys

Eric Filey

Stefan Filey

Répétitions du Rester vivant Tour

Allen Hoist
Thomas Henning
Renaud Gensane

David Mc Murray

JUIN 2015
15 LUNDI

19 H PACIFIC PALISADES, LOS ANGELES

Johnny le magnifique

Ce soir, c'est l'anniversaire du Patron : 72 ans ! Tout le groupe est invité au domicile de Johnny pour la grande fête organisée par Laeticia.

Dress code : Gatsby le Magnifique.

Je ne sais pas comment j'ai pu manquer cette information. Nous sommes en répétition à Los Angeles et je n'ai rien dans mes valises qui ressemble, même de loin, à une tenue des années 1920.

Heureusement, je ne suis pas le seul. Sitôt la répétition terminée, Laurent Vernerey, Jean-Max Mery, Philippe Almosnino et moi nous précipitons dans la voiture à la recherche d'une boutique de fripes encore ouverte à cette heure tardive de l'après-midi.

À Burbank, nous tombons sur une ancienne baba-cool qui nous laisse entrer dans son magasin, alors qu'elle était sur le point de fermer. Ravie de voir des musiciens, elle tire les rideaux, met la pancarte «*closed*» sur la porte, allume une cigarette et nous raconte ses aventures avec les Rolling Stones, pendant que nous chinons dans les étalages.

Le soir, je me présente à la fête avec un panama blanc, un nœud papillon bleu, une chemise blanche et une veste de costume vintage, trop grande pour moi. Un pantalon blanc et des chaussures de golf complètent la tenue et ça ne passe pas si mal. J'arrive à me fondre dans la foule des invités, parmi lesquels on croise Gad Elmaleh et Omar Sy.

Johnny est vraiment magnifique et Laeticia resplendissante. On a changé d'époque, le temps s'est arrêté. *Happy birthday, Johnny!*

Los Angeles, 15 juin 2015

La maison des Hallyday

Johnny Hallyday - Birthday Party

Un anniversaire sur le thème
de Gatsby le Magnifique.

Toulouse, 20 octobre 2015

Sur scène avec mon groupe

en première partie de Johnny Hallyday

Lille, 9 octobre 2015

Les musiciens de mon groupe, Éric Sauviat, Julien Boyé et Mike Clinton, épaulés par les techniciens de Johnny, Luky et Ronan, pendant les balances son.

Gabrielle #184 OCTOBRE 2015 VENDREDI 2

20 H PALAIS NIKAÏA, NICE

Le rituel

Nous sommes tous tendus, comme le jour d'un grand examen. Ce soir, nous entamons les premières parties de Johnny Hallyday. Le fait exceptionnel que le Patron vienne écouter nos balances son augmente la pression d'un cran supplémentaire. Je sais que je peux compter sur mon excellent groupe : Mike Clinton à la basse, Julien Boyé à la batterie et Éric Sauviat à la guitare. Éric et moi jouons ensemble depuis notre rencontre lors de l'enregistrement de l'album blues de Johnny, *Le Cœur d' un homme*.

Nous donnons le concert au milieu de la foule, sur la scène centrale du palais Nikaïa de Nice. Tout se passe très vite. Le dernier accord résonne et nous sommes accompagnés dans les coulisses par le refrain de ma chanson « Solidarnosc », que le public scande encore.

Sans attendre, je fonce dans la loge de Johnny. Le calme y règne, le chanteur se fait coiffer par Mathieu.

– Ça s'est bien passé pour toi, Greg ? J'ai entendu le public, vous avez fait fort !
– C'était génial ! Merci encore, Johnny...
– Alors ? Comment tu as senti la salle ?
– Ça résonne un peu, il y a une fréquence grave qui tourne mais l'ingénieur du son, Matthieu Marionneau, nous a arrangé ça. On a chauffé le public à bloc, ils t'attendent !

Depuis ce jour, une nouvelle complicité s'installe entre nous et l'entretien entre nos deux concerts, dans la loge de Johnny, devient un nouveau rituel. Le temps pour moi de changer de tenue de scène et un second show démarre, celui de Johnny Hallyday.

Devant l'impressionnant décor du Rester vivant Tour,
dans l'objectif de Patrick Jacob, l'opérateur
du prompteur de Johnny.
Au début du show, la tête de mort s'ouvre en deux,
dévoilant Johnny Hallyday, caché à l'intérieur.

Johnny Hallyday 1er novembre 2015 02:55
À : Greg Zlap
De Johnny

Mon cher Greg merci d'avoir fait la 1re partie de mon concert. Tu as été merveilleux. Je veux que tu saches que je t'aime vraiment beaucoup et que je te respecte comme musicien je t'embrasse bien fort ton ami. Johnny.

Greg Zlap 1er novembre 2015 19:55
À : Johnny Hallyday
Re : De Johnny

Mon cher Johnny,

Merci de ta confiance et de ton soutien en toute situation,
Affectueusement,
Greg

2016

Le baiser

Nantes, 12 décembre 2015

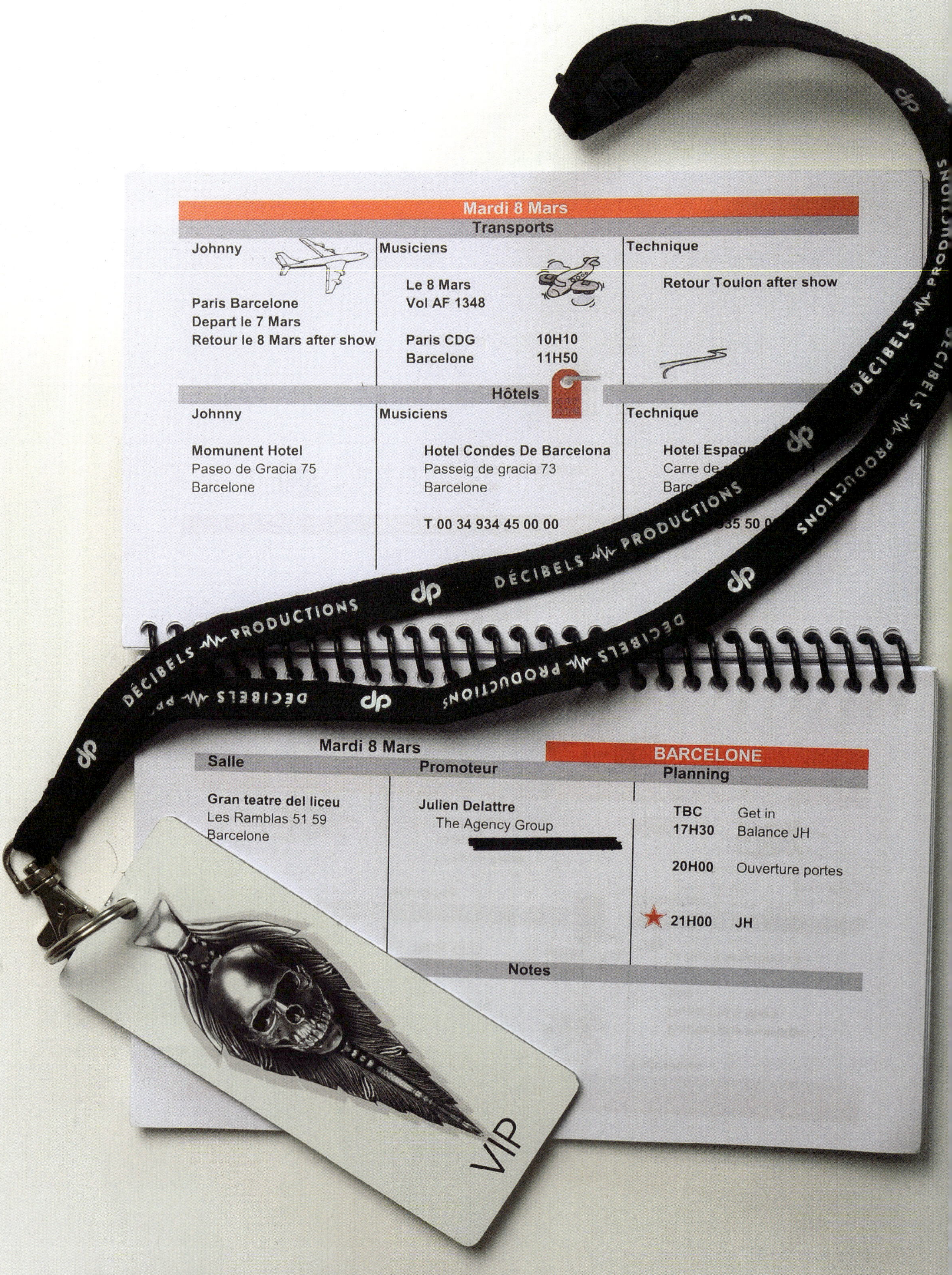

Rester vivant Tour : pass VIP

Roadbook : Barcelone, 8 mars 2016

RESTER VIVANT 2016

JOHNNY HALLYDAY

Yarol Poupaud : direction musicale, guitare
Robin Le Mesurier : guitare, **Philippe Almosnino :** guitare, **Laurent Vernerey :** basse,
Geoff Dugmore : batterie, **Greg Zlap :** harmonica, **Alain Lanty :** piano, claviers,
Jean-Max Mery : orgue, **Amy Keys :** chœurs, **Carmel Helene :** chœurs,
Éric Filey : chœurs, **Stefan Filey :** chœurs, **David Mc Murray :** saxophone ténor, **Renaud Gensane :** trompette, **Thomas Henning :** trombone, **Allen Hoist :** saxophone baryton

Gabrielle n° 225	22/01/16	**MONTPELLIER**	Zénith Arena
Gabrielle n° 226	23/01/16	**MONTPELLIER**	Zénith Arena
Gabrielle n° 227	02/02/16	**PARIS**	AccorHotels Arena
Gabrielle n° 228	03/02/16	**PARIS**	AccorHotels Arena
Gabrielle n° 229	05/02/16	**MARSEILLE**	Le Dôme
Gabrielle n° 230	06/02/16	**MARSEILLE**	Le Dôme
Gabrielle n° 231	09/02/16	**BORDEAUX**	Patinoire Mériadeck
Gabrielle n° 232	12/02/16	**PÉRIGUEUX**	Le Palio
Gabrielle n° 233	13/02/16	**ANGOULÊME**	Espace Carat
Gabrielle n° 234	16/02/16	**ANGERS**	Arena
Gabrielle n° 235	17/02/16	**RENNES**	Musik Hall
Gabrielle n° 236	19/02/16	**LE MANS**	Antarès
Gabrielle n° 237	20/02/16	**TOURS**	Parc des Expositions
Gabrielle n° 238	23/02/16	**ÉPERNAY**	Millésium
Gabrielle n° 239	27/02/16	**NANCY**	Zénith
Gabrielle n° 240	02/03/16	**BREST**	Penfeld
Gabrielle n° 241	05/03/16	**DOUAI**	Espace Gayant
Gabrielle n° 242	08/03/16	**BARCELONE (Espagne)**	Gran Teatre del Liceu
Gabrielle n° 243	10/03/16	**TOULON**	Zénith
Gabrielle n° 244	12/03/16	**TOULOUSE**	Zénith
Gabrielle n° 245	16/03/16	**PAU**	Zénith
Gabrielle n° 246	19/03/16	**DIJON**	Zénith
Gabrielle n° 247	22/03/16	**ROUEN**	Zénith
Gabrielle n° 248	24/03/16	**ALBERTVILLE**	Halle olympique
Gabrielle n° 249	26/03/16	**BRUXELLES**	Palais 12, et dans plus de 300 salles de cinéma
Gabrielle n° 250	27/03/16	**BRUXELLES**	Palais 12
Gabrielle n° 251	29/04/16	**NOUMÉA (Nouvelle- Calédonie)**	Stade Numa-Daly
Gabrielle n° 252	04/05/16	**PAPEETE (Tahiti)**	Place To'a Ta
Gabrielle n° 253	29/06/16	**SEDAN**	Stade Dugauguez
Gabrielle n° 254	02/07/16	**FRÉJUS**	Base Nature
Gabrielle n° 255	03/07/16	**TOURS**	Parc des Expositions
Gabrielle n° 256	05/07/16	**PÉROUGES**	Printemps de Pérouges
Gabrielle n° 257	07/07/16	**HAGUENAU**	Espace Vieille-Île
Gabrielle n° 258	10/07/16	**PARIS**	Opéra Garnier
Gabrielle n° 259	11/07/16	**LE HAVRE**	Stade Océane
Gabrielle n° 260	13/07/16	**PAMIERS**	Stade Pierre-Balussou
Gabrielle n° 261	15/07/16	**SION (Suisse)**	Festival Sous les étoiles
Gabrielle n° 262	17/07/16	**NÎMES**	Arènes
Gabrielle n° 263	19/07/16	**ARCACHON**	Stade vélodrome
Gabrielle n° 264	21/07/16	**VIENNE**	Théâtre antique

Bruxelles, 26 mars 2016

Le baiser de Johnny à l'issue de mon solo d'harmonica
sur « Gabrielle ».

Gabrielle #249

21h30 Palais 12, Bruxelles

MARS 2016
SAMEDI 26

Le baiser

D'abord, les cent pas pour accélérer mon pouls. Ensuite, à la manière des *katas,* des séries d'exercices de respiration que j'ai appris en arts martiaux. Chaque soir, j'effectue cet étrange ballet en backstage, un quart d'heure avant le début de « Gabrielle ». J'ai dû aménager mon absence de la scène afin de me préparer aux exigences du nouveau solo.

Dès les premières mesures de « Gabrielle », je me poste sur l'escalier latéral menant à la scène. Johnny jettera un bref coup d'œil vers moi pour s'assurer que je suis bien en place. Ça y est ! Il m'a vu. Quand ses bras se croisent en l'air, je déboule sur scène tel un diable fou. Je suis déjà dans un état second, comme un boxeur sur le ring aveuglé et dopé par l'adrénaline. Je n'ai qu'une seule idée en tête : tenir jusqu'au bout !

C'est long, très long. Johnny me laisse seul avec son public pendant quatre ou cinq minutes. Ce soir, il prend son temps avant de me rejoindre sur la scène centrale pour la fin du solo. Je le vois serrer les mains des fans sur son passage, brandir le drapeau belge. Mes poumons me brûlent, je ne vais pas pouvoir tenir beaucoup plus longtemps. J'essaie de ne pas montrer à quel point j'ai mal, et je continue à donner le rythme à la foule en transe. Le signe de Johnny me délivre enfin sous les ovations du public. Si 15 000 personnes nous applaudissent à Bruxelles, 65 000 spectateurs supplémentaires nous regardent ce soir-là dans 300 salles de cinéma en France, où le concert est projeté en direct.

À ma grande surprise, au lieu de me présenter comme à son habitude, Johnny s'approche de moi et d'un geste d'une tendresse infinie, quasiment paternel, il m'embrasse sur le front devant les milliers de spectateurs.

– À l'harmonica, c'est bien sûr le fabuleux, l'unique… Greg Zlap !

Rester vivant TOUR
Vieilles Canailles LA TOURNÉE
La Madeleine

Marseille, 06/02

Nancy, 27/02

Brest, 02/03

Douai, 05/03

Toulon, 10/03

Pau, 16/03

Dijon, 19/03

Albertville, 24/03

Tours, 03/07

Pérouges, 05/07

Arcachon, 19/07

Vienne, 21/07

Greg Zlap 22 juillet 2016 1:08

À : Johnny Hallyday

Merci !

Mon cher Johnny,

Quelle soirée ! Je voulais te remercier pour cette tournée, pour ta bienveillance, pour la belle opportunité que tu m'as offerte avec les premières parties, pour tout ce que j'ai appris à tes côtés... Quelle belle aventure !
Bon courage pour le tournage,
À bientôt,
Je t'embrasse,

Greg

Johnny Hallyday 29 juillet 2016 18:16

À : Greg Zlap

Re : Merci !

Merci à toi Greg tu as été génial pendant cette tournée. Au fait, c'est mon nouveau mail. Je t'embrasse et à bientôt, Johnny

Souvenir de Tahiti

Déjeuner traditionnel en l'honneur de Johnny autour d'un ahima'a, le four tahitien.

Tahiti, 7 mai 2016

iMessage
22 déc. 2016 à 20:55

cher Greg je te
souhaite un joyeux
Noël et une bonne
année 2017👍
je t'embrasse. Johnny

Joyeux Noël à toi
et à ta famille! Je pense bien
à toi, je t'embrasse, Greg

1 janv. 2017 à 20:03

Bonne Année mon cher
Johnny! Je te souhaite une
excellente année pleine de
projets passionnants,
je t'embrasse, Greg

Lu le 01/01/2017

2 janv. 2017 à 21:33

Bonne année cher
greg🎉🎉🎉johnny.

2017

Le dernier combat

Montréal, 4 octobre 2012

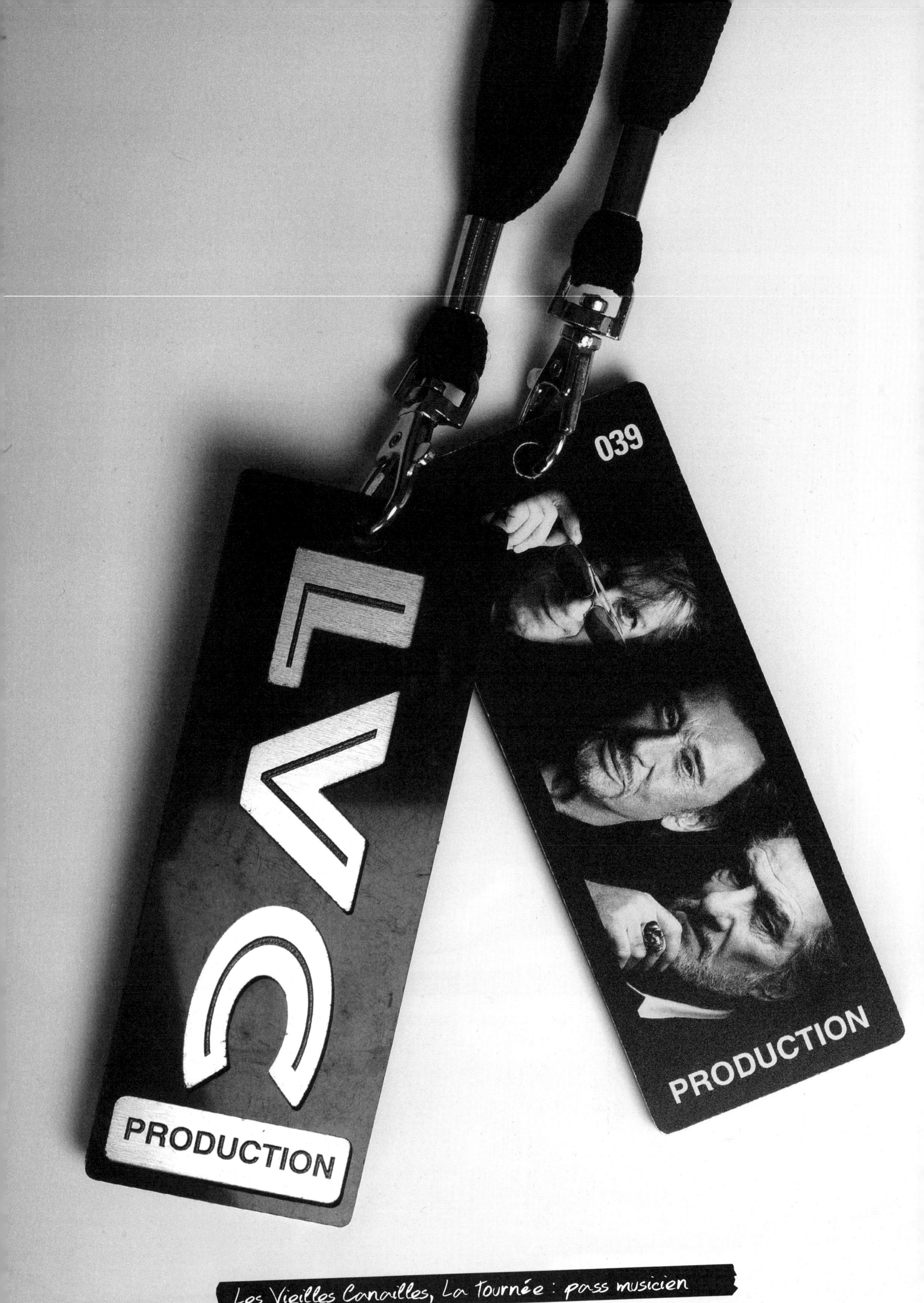

Les Vieilles Canailles, La Tournée : pass musicien

LA TOURNÉE DES VIEILLES CANAILLES

EDDY MITCHELL / JOHNNY HALLYDAY / JACQUES DUTRONC

Michel Gaucher : direction musicale, arrangements, saxophone
Jean-Yves d'Angelo : piano, claviers, **Hervé Brault :** guitare, **Fred Chapellier :** guitare,
Basile Leroux : guitare, **Yarol Poupaud :** guitare, **Greg Zlap :** harmonica, **Franck Bedez :** basse,
Christophe Deschamps : batterie, **Fabrice Adam, Jacques Bessot, Yves Le Carboulec,**
Éric Mula : trompette, **Didier Havet, Michaël Joussein, Jean-Marc Welch :** trombone,
Pierre d'Angelo, Thierry Farrugia, Hervé Meschinet,
Gilles Miton : saxophone

Gabrielle n° 265	10/06/17	**LILLE**	Stade Pierre-Mauroy
Gabrielle n° 266	11/06/17	**BRUXELLES**	Palais 12
Gabrielle n° 267	13/06/17	**GENÈVE**	Arena
Gabrielle n° 268	16/06/17	**CLERMONT-FERRAND**	Zénith
Gabrielle n° 269	17/06/17	**RUOMS**	Aluna Festival
Gabrielle n° 270	19/06/17	**STRASBOURG**	Zénith
Gabrielle n° 271	20/06/17	**AMNÉVILLE**	Galaxie
Gabrielle n° 272	22/06/17	**NÎMES**	Arènes
Gabrielle n° 273	24/06/17	**PARIS**	AccorHotels Arena
Gabrielle n° 274	25/06/17	**PARIS**	AccorHotels Arena
Gabrielle n° 275	26/06/17	**ROUEN**	Zénith
Gabrielle n° 276	28/06/17	**TOULOUSE**	Zénith
Gabrielle n° 277	30/06/17	**NANTES**	Zénith
Gabrielle n° 278	01/07/17	**BORDEAUX**	Stade Matmut Atlantique
Gabrielle n° 279	03/07/17	**DIJON**	Zénith
Gabrielle n° 280	04/07/17	**PÉROUGES**	Festival du Printemps
Gabrielle n° 281	05/07/17	**CARCASSONNE**	Théâtre Jean-Deschamps Cité

Greg Zlap 16 mai 2017 09:38

À : Johnny Hallyday

Preview single Greg

Mon cher Johnny,

J'espère que tu vas bien. Je me réjouis de te retrouver bientôt pour les Vieilles Canailles, ça va être super ! La scène commence à me manquer, j'ai passé beaucoup de temps en studio ces derniers mois...

Je prépare la sortie de mon EP pour vendredi et je voulais te faire écouter en avant-première mon nouveau single « Partir », j'espère qu'il va te plaire !

Je t'embrasse fort,

À très bientôt,

Greg

Johnny Hallyday 17 mai 2017 07 :43

À : Greg Zlap

Re : Preview single Greg

Merci, cher Greg, moi aussi je suis super heureux de te retrouver pour les Vieilles Canailles 🎸🎼👍 je suis très heureux pour toi des bonnes nouvelles pour ton disque 😍 je t'embrasse mon ami et à dans 15 jours. Johnny

16H La Scène musicale,
Île Seguin, Boulogne-Billancourt

JUIN 2017
LUNDI 5

Clause de confidentialité

Les *Vieilles Canailles* repartent en tournée. J'arrive à la répétition avec mon album *Blue*, tout juste sorti. Johnny est comme toujours très intéressé par ce nouveau projet. Je lui offre le disque avec un pincement au cœur, car je l'ai composé avec un ami comédien, Damien Ricour, qui a succombé d'un cancer au début de l'année.

– Quel âge avait ton ami ?

– 44 ans. Il s'est battu jusqu'au bout en montant sur les planches pour jouer sa pièce de théâtre avec une foi et une force incroyables...

Johnny me fixe comme s'il voulait me dire quelque chose, mais il baisse les yeux sur la pochette du disque et change de sujet.

– C'est quoi, ce remix ?

– Les radios demandent ça. Les vraies batteries et les guitares rock ne sont plus dans l'air du temps. Il faut les remplacer par des programmations si on veut passer sur les ondes aujourd'hui.

– Mais qu'est-ce qu'ils sont butés ! Ne les écoute pas ! Tu sais, moi aussi j'ai parfois beaucoup de mal à passer en radio avec mes nouvelles chansons...

Aujourd'hui, nous devons tous signer une clause de confidentialité. Rien de ce qui se passe en coulisses lors de la tournée ne doit être divulgué. Je ne me rendais pas compte que Johnny allait si mal. Comme tout le monde, j'ai entendu le mot « cancer » à son sujet, mais je n'ai pas voulu y croire. Évidemment, cette clause de confidentialité est très inquiétante... Je viens de comprendre que Johnny n'entame pas une tournée de plus dans sa longue carrière. Cette fois, c'est son combat pour la vie, contre la maladie.

JUIN 2017
10 SAMEDI

#265 Gabrielle

18 H STADE PIERRE-MAUROY, LILLE

Le pacte

Johnny est assis sur un tabouret haut, accoudé au piano de Jean-Yves d'Angelo. Il porte un chapeau et des lunettes noires. Nous terminons les balances du son, avant le premier concert des *Vieilles Canailles*. Il est 18 heures, les portes vont s'ouvrir d'un instant à l'autre.

– Greg, pour le solo de « Gabrielle », peux-tu jouer ta nouvelle version, celle de notre dernière tournée ?

– Bien sûr, Johnny. Il faudra juste que j'explique au groupe, ils ne connaissent pas les arrangements...

Sous son regard attentif, les musiciens prennent des notes à la hâte. Michel Gaucher briefe la section de cuivres. On n'a pas le temps de répéter, mais nous jouerons quand même le nouvel arrangement ce soir.

La première édition des *Vieilles Canailles* en 2014 a servi de leçon : tout le monde sait maintenant que le spectacle bascule sur « Gabrielle ». Jimmy, le chef de la sécurité, fait passer le mot à ses agents Pistache, Ahmed et Karim, qui le relaient auprès des fans.

– Restez assis pendant la première moitié du concert. À partir de « Gabrielle », vous pouvez vous mettre debout. On ne vous empêchera pas d'aller vers la scène.

Les fans connaissent la setlist par cœur et respectent le pacte. Pour accueillir « Gabrielle », mais pas avant, la salle se met en ébullition et les fans se précipitent au-devant de la scène. Le nouveau solo donnera à Johnny un instant de répit, surtout lorsqu'il entamera ses séances de chimiothérapie. En me confiant le public, il pourra souffler en coulisses pendant que le show continue, et revenir sur scène avec un regain d'énergie.

Lille, 10 juin 2017

Les Vieilles Canailles : répétition avec Johnny avant le premier show.

Carcassonne, 5 juillet 2017

Ma séance d'échauffement avant d'entrer sur scène pour le solo de « Gabrielle », ici pour mon dernier concert avec Johnny.

Gabrielle #281

21h Théâtre Jean-Deschamps, Carcassonne

JUILLET 2017
MERCREDI 5

SUR LA ROUTE AVEC JOHNNY

La victoire

Avant-hier, à Dijon, j'ai été mis à rude épreuve. Au moment où Johnny quittait la scène en me laissant en plein solo de « Gabrielle », c'est la panique dans mes oreillettes ! Un mauvais bouton a dû être enclenché : au lieu d'entendre mon harmonica, j'assistais malgré moi aux échanges alarmants entre le régisseur et l'ingénieur du son. Je n'avais pas d'autre choix que de continuer, et surtout de ne rien laisser paraître au public.

– Johnny fait un malaise ! Tenez-vous prêts, on va écourter le show.

– Que fait-on maintenant ?

– Il faut gagner du temps. Dites à Greg de faire durer le solo tant qu'il peut ! Après, on passera directement à la chanson finale.

Contre toute attente, au prix d'un effort surhumain, Johnny remonte sur scène pour terminer « Gabrielle ». Si le concert de Dijon s'est vu écourté, le lendemain, à Pérouges, Johnny paraissait de nouveau en forme, et il a livré un spectacle mémorable !

Ce soir, c'est la dernière des *Vieilles Canailles* à Carcassonne. Pour Johnny, c'est aussi la ligne d'arrivée d'un marathon de 17 shows, qu'il franchit victorieux. Il est heureux sur scène et ça se voit. Sur « Gabrielle », il s'amuse, complice avec le public, avec à mon sujet une surenchère d'adjectifs : « À l'harmonica, le seul, l'unique, l'incroyable, l'invraisemblable Greg Zlap ! » Comme à chaque concert depuis mes débuts avec Johnny, j'offre un harmonica au public. Aujourd'hui, c'est mon 281e harmonica qui atterrit ainsi entre les mains d'un spectateur. L'émotion est intense lorsque Johnny fait monter sur scène ses filles, Jade et Joy, pendant « La musique que j'aime ».

L'artiste quitte triomphalement l'amphithéâtre. J'ignore que je vois Johnny pour la dernière fois.

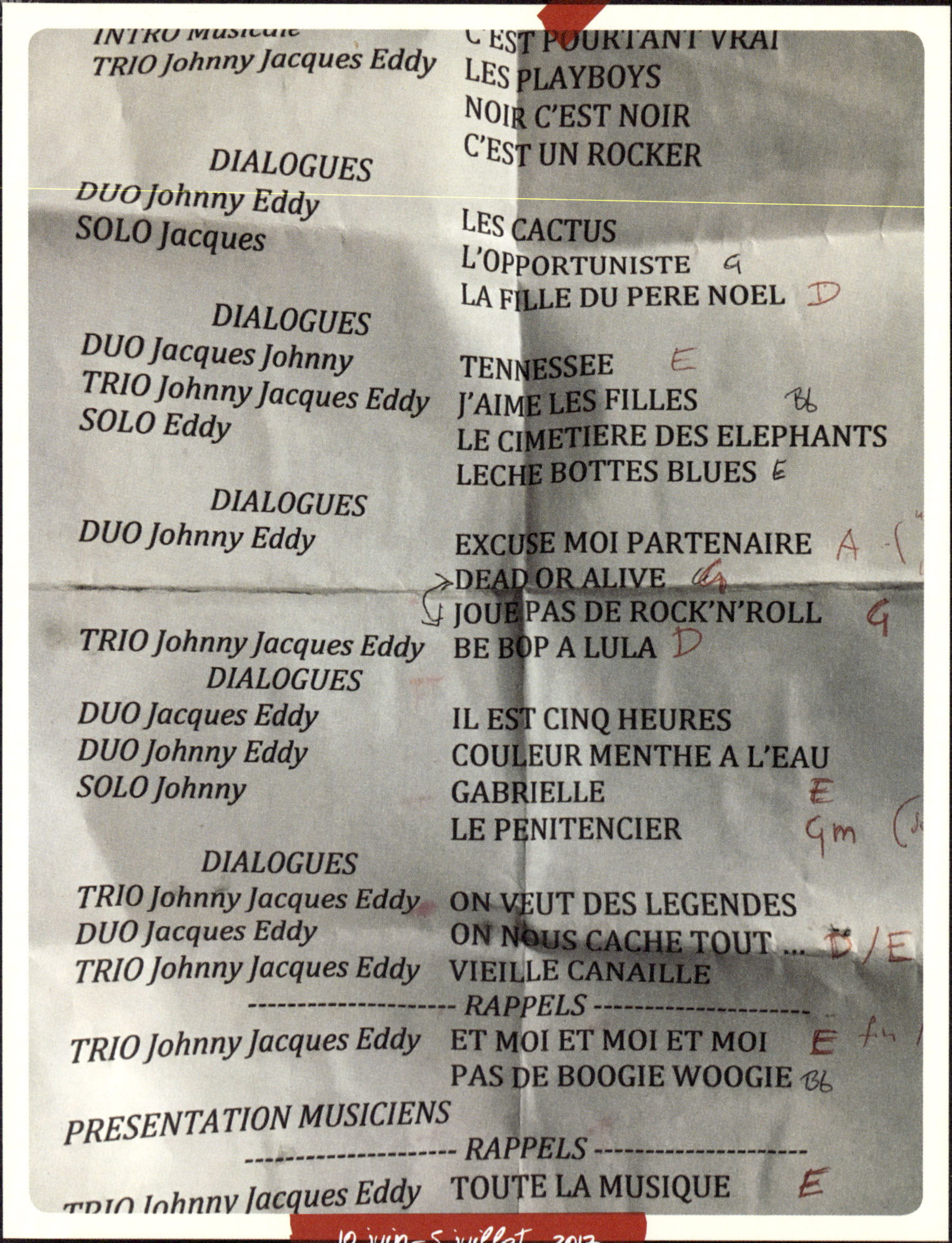

INTRO Musicale	C'EST POURTANT VRAI
TRIO Johnny Jacques Eddy	LES PLAYBOYS
	NOIR C'EST NOIR
DIALOGUES	C'EST UN ROCKER
DUO Johnny Eddy	
SOLO Jacques	LES CACTUS
	L'OPPORTUNISTE G
	LA FILLE DU PERE NOEL D
DIALOGUES	
DUO Jacques Johnny	TENNESSEE E
TRIO Johnny Jacques Eddy	J'AIME LES FILLES Bb
SOLO Eddy	LE CIMETIERE DES ELEPHANTS
	LECHE BOTTES BLUES E
DIALOGUES	
DUO Johnny Eddy	EXCUSE MOI PARTENAIRE A
	DEAD OR ALIVE G
	JOUE PAS DE ROCK'N'ROLL G
TRIO Johnny Jacques Eddy	BE BOP A LULA D
DIALOGUES	
DUO Jacques Eddy	IL EST CINQ HEURES
DUO Johnny Eddy	COULEUR MENTHE A L'EAU
SOLO Johnny	GABRIELLE E
	LE PENITENCIER Gm
DIALOGUES	
TRIO Johnny Jacques Eddy	ON VEUT DES LEGENDES
DUO Jacques Eddy	ON NOUS CACHE TOUT ... D/E
TRIO Johnny Jacques Eddy	VIEILLE CANAILLE
------------------- RAPPELS -------------------	
TRIO Johnny Jacques Eddy	ET MOI ET MOI ET MOI E
	PAS DE BOOGIE WOOGIE Bb
PRESENTATION MUSICIENS	
------------------- RAPPELS -------------------	
TRIO Johnny Jacques Eddy	TOUTE LA MUSIQUE E

10 juin–5 juillet, 2017

La setlist des Vieilles Canailles.
À droite, en rouge, j'ai inscrit
les tonalités des chansons.

Carcassonne, 5 juillet 2017

La dernière des Vieilles Canailles.

DÉCEMBRE 2017

5 MARDI

21h30 L'Utopia, rue de l'Ouest, Paris

Le 5 décembre

L'Utopia est le dernier authentique club de blues parisien. J'y ai fait mes premiers pas sur scène voici vingt-cinq ans, épaulé par mon père spirituel, le grand harmoniciste Jean-Jacques Milteau. Encore étudiant, j'ai créé dans ces murs mon école d'harmonica, puis développé le concept des soirées « Gregtime » dans le but de réunir chaque mois des musiciens différents pour un concert de blues entièrement improvisé.

Ici, rien n'a changé depuis des années. C'est toujours le même patron, Jacques, qui nous accueille à la porte avec son humour d'ours mal léché. Les mêmes photos de musiciens sur les murs nous rappellent à chaque fois que nous avons encore pris un coup de vieux. J'aime cet endroit comme si c'était ma maison. La petite salle est bondée. Dans le public, il y a aussi des visages que j'ai connus lors des concerts de Johnny, tel celui de Rouk « Le Barge », président du groupe « Les fans de Greg Zlap », qui ne manque jamais un « Gregtime ».

Ce soir sur scène, je suis entouré de Toma Milteau à la batterie, Guillaume Muschalle à la guitare, Christophe Jambois au clavier et Élise Blanchard à la basse. Je démarre à l'harmonica et le groupe me suit comme par magie, alors que c'est la première fois que nous jouons tous ensemble ! Maintenant, je vais improviser « Le pénitencier », connu aussi sous le titre « The House of the Rising Sun » ou encore « Rising Sun Blues » : cette mélodie intemporelle me fait penser à la fois au blues et à Johnny. Je pense à lui, que je n'ai pas revu depuis cinq mois, c'était lors de notre dernier concert à Carcassonne. En dépit de rumeurs inquiétantes, j'espère qu'il continue à se battre.

Je rentre chez moi très tard, j'éteins mon téléphone et m'endors tranquillement pendant que l'annonce de la mort de Johnny Hallyday déclenche un séisme dans les médias et dans le cœur des fans.

Paris, 5 décembre 2017

Les affiches des concerts « Gregtime » que je donne chaque mois à l'Utopia depuis 1996.

La Madeleine : pass musicien

LA MADELEINE

JOHNNY HALLYDAY

Hommage du groupe
Parvis de la Madeleine

Yarol Poupaud, Robin Le Mesurier, Philippe Almosnino, Norbert « Nono » Krief : guitare, **Laurent Vernerey :** basse, **Christophe Deschamps :** batterie, **Greg Zlap :** harmonica, **Alain Lanty :** piano, claviers, **Jean-Max Mery :** orgue, **Allen Hoist :** saxophone baryton, **Renaud Gensane :** trompette, **Amy Keys, Stefan Filey, Angéline Annonier, Jerykka Jacques-Gustave :** chœurs

Gabrielle n° 282 09/12/17 PARIS Parvis de la Madeleine

Hommage acoustique
L'église de la Madeleine

Yvan Cassar : piano, **Gautier Capuçon :** violoncelle, **Julie Fuchs :** soprano
Robin Le Mesurier, Yarol Poupaud, Matthieu Chedid, Maxim Nucci : guitare acoustique, **Greg Zlap :** harmonica

DÉCEMBRE 2017
6 MERCREDI

8 h Montreuil

Les larmes de l'harmonica

Ce matin, Elvire me réveille plus tôt que d'habitude.

– Amour, est-ce que tu vas bien ?
– Oui… ?
– J'ai une chose importante à te dire…
– …
– Johnny est mort.
– … Tu es sûre qu'il ne s'agit pas encore d'une fausse nouvelle, comme la semaine dernière ?
– Non, cette fois, il y a un communiqué officiel.
– C'est arrivé quand ?
– Hier soir, chez lui, à Marnes-la-Coquette. Tu étais sur scène.

Je n'ai pas le temps de réaliser ce qu'Elvire vient de m'annoncer. Nos téléphones s'animent, les appels et les messages commencent à affluer. Elvire est sollicitée par les médias qui lui demandent si j'accepterais de témoigner. Pour le moment, je m'en sens incapable et je refuse les interviews, les unes après les autres. Je pense à la famille de Johnny et à la grande famille des fans dont la peine est incommensurable. Avec la disparition de Johnny Hallyday, c'est tout un monde qui s'écroule.

En fin d'après-midi, je finis par accepter de me rendre sur le plateau de BFM TV, à condition d'y aller avec mon harmonica. Bien plus que les mots, la musique possède ce pouvoir de transmettre les émotions les plus intimes et d'apaiser la peine. J'en ai vraiment besoin. À 22 heures, nous sommes en direct. La gorge nouée, j'entame les premières notes du « Pénitencier ». Dans le silence solennel qui règne sur le plateau, mon harmonica pleure toutes les larmes gardées depuis ce matin au fond de moi.

★ ★ ★

DÉCEMBRE 2017
JEUDI 7

18 H MONT-VALERIEN, SURESNES

Le chanteur et l'homme

J'ai deux parrains dans la musique : Jean-Jacques Milteau, qui m'a initié au métier d'harmoniciste, et Johnny Hallyday, qui m'a appris la scène. L'un de ces deux hommes vient de partir.

Ce n'est pas la vision du chanteur qui me revient le plus, mais celle de l'homme qui m'a témoigné tant d'affection et de bienveillance. Johnny m'a personnellement soutenu en toutes circonstances. Il m'encourageait toujours sur scène avec un mot, un geste, un regard... Avec lui, je me sentais protégé. Aujourd'hui j'ai l'impression d'être orphelin. Je sais que je partage ce sentiment avec beaucoup d'autres personnes. Johnny avait ce don, cet instinct profondément humain et cette volonté de créer le lien avec ceux qui croisaient son chemin. La connexion unique qu'il entretenait avec son public tout au long de sa carrière en est un exemple éloquent.

Aujourd'hui, j'apprends que les musiciens et l'équipe de Johnny seront mobilisés pour un ultime concert, sans chanteur, le jour des obsèques à la Madeleine. Nous répéterons demain aux studios RIFFX de la Seine Musicale. Comment trouver la force de donner un spectacle en de telles circonstances ?

Johnny repose au funérarium du Mont-Valérien. J'aimerais me recueillir une dernière fois auprès de lui. J'appelle Alizé, le garde du corps du Patron. On devine les larmes dans les trémolos de sa voix.

– Greg... ça me fait plaisir de t'entendre.

– Alizé, tu crois que je pourrais venir ? Il n'est pas trop tard ?

– Viens, bien sûr ! Nous fermons à 18 heures, mais ne t'inquiète pas, on t'attendra...

– Merci, Alizé, c'est tellement important pour moi de lui dire adieu...

La Madeleine, 9 décembre 2017

Vue depuis les marches, l'étendue de la foule est impressionnante.

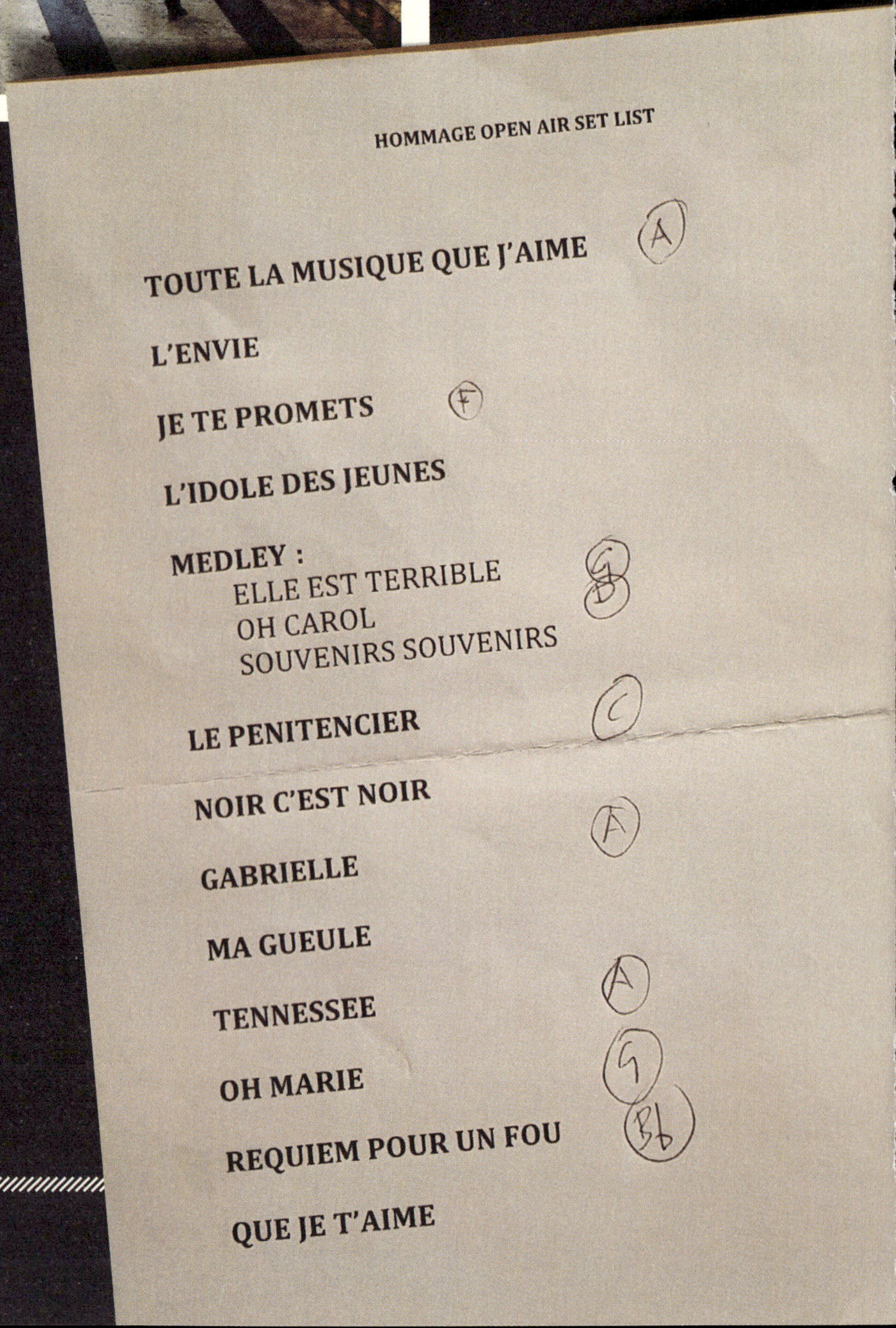

HOMMAGE OPEN AIR SET LIST

TOUTE LA MUSIQUE QUE J'AIME (A)

L'ENVIE

JE TE PROMETS (F)

L'IDOLE DES JEUNES

MEDLEY :
ELLE EST TERRIBLE (G)
OH CAROL (D)
SOUVENIRS SOUVENIRS

LE PENITENCIER (C)

NOIR C'EST NOIR (A)

GABRIELLE

MA GUEULE

TENNESSEE (A)

OH MARIE (G)

REQUIEM POUR UN FOU (Bb)

QUE JE T'AIME

La setlist du concert hommage à Johnny Hallyday, le jour de ses obsèques.

J'ai noté la tonalité de mon harmonica, A, Bb, C, D, F ou G en face des chansons.

Avec Robin Le Mesurier, Yarol Poupaud,
Maxime Nucci et Matthieu Chedid pour un ultime
hommage acoustique dans l'église.

DÉCEMBRE 2017

9 SAMEDI

15h Place de la Madeleine, Paris

Le blues du pénitencier

Nous voilà à la Madeleine… Ici, la vie sans Johnny commence. Mais est-ce vraiment sans lui ? Personne n'est venu chanter au micro du Boss, resté orphelin pendant le concert, et pourtant nous avons tous cru entendre cette voix irremplaçable dont l'empreinte est à jamais gravée dans nos mémoires. Quand le public a repris « Que je t'aime », Johnny était définitivement là, avec nous.

L'incroyable hommage populaire qui lui a été rendu aujourd'hui illustre l'immense place que le chanteur tenait dans nos vies. Un million de personnes se sont rassemblées entre les Champs-Élysées et l'église de la Madeleine, et près de 18 millions de téléspectateurs ont suivi la cérémonie sur leur écran de télévision.

– Que vas-tu faire maintenant ?

On me posera souvent cette question. Je me consacre bien sûr à ma vie d'artiste, aux nouveaux albums et aux tournées avec mon groupe. Mais je ne monte plus jamais sur scène sans avoir une pensée pour Johnny. Il m'a tellement appris, il m'a transmis sa vision du spectacle et l'exigence du show : puiser l'énergie dans le public, se donner à 200 %, continuer quoi qu'il arrive. Cette flamme, je veux la partager avec le public.

Grâce à Johnny, j'ai compris que l'harmonica pouvait toucher les foules, autant que la voix. Le chanteur l'avait pressenti. Lui seul a su mettre les mots sur la manière dont je conçois mon instrument.

C'était le 9 octobre 2015 à Lille, le jour de l'annonce surprise de l'album *De l'amour*, réalisé par Maxime Nucci, le 50e album studio de la star et le dernier paru de son vivant. Johnny était venu me voir en coulisses pour me faire écouter sa chanson « Mon cœur qui bat ».

– J'adore ton solo, Greg. Je ne sais pas comment tu arrives à faire ces notes. Écoute ce que tu as enregistré en studio, j'aimerais que tu le joues ce soir exactement comme sur le disque.

Johnny m'avait dit alors cette phrase, qui m'avait profondément marqué :

– Ce qui est différent avec toi, Greg, c'est que tu ne joues pas de l'harmonica. Tu chantes avec ton harmonica.

J'ai écrit « Le blues du pénitencier » à sa mémoire. C'est une adaptation du « Pénitencier » pour l'harmonica. J'y ai mis les racines blues, l'énergie du live et le rythme effréné du solo de « Gabrielle » pour renouer avec les sensations que j'ai vécues pendant toutes ces années sur scène avec Johnny.

Chaque fois que je le joue en concert, je ne peux m'empêcher de penser :

– Entends-tu ce Marine Band, Johnny ? Mon harmonica chante encore et à jamais pour toi.

Je dédie ce livre à la mémoire de Johnny Hallyday,
à la grande famille des fans, à mes amis musiciens,
aux équipes de l'ombre qui font tourner les spectacles,
à la mémoire de ma mère, Elzbieta Karwat,
à mon père, Jan Szlapczynski,
à mes enfants, Marguerite, Nina, Gauthier
et la dernière née, Blanche.

Merci à Vincent Perrot qui a su m'encourager à garder le cap, avec bienveillance et délicatesse. Merci à Isabelle Lerein pour sa confiance dès notre première rencontre. Merci à Charlotte Hellman et Marie Burguburu de m'avoir guidé dans le monde de l'édition. Merci à Karine Chochon, Odile Guillaud et Bertille de la Broïse pour leurs relectures et suggestions, si précieuses. Merci à ma femme, Elvire, de m'avoir accompagné sans faille durant toutes ces années.

★ ★ ★

Londres, 15 octobre 2012